O FFRWYTH Y GANGEN HON

GOLYGWYD GAN NIA MORAIS

Cyhoeddiadau
barddas

© 2025 Nia Morais / Cyhoeddiadau Barddas ©

Hawlfraint y cerddi: © y beirdd a Chyhoeddiadau Barddas

Argraffiad cyntaf: 2025

ISBN: 978-1-911584-90-2

Cedwir pob hawl. Ni chaniateir atgynhyrchu unrhyw ran o'r cyhoeddiad hwn na'i gadw mewn cyfundrefn adferadwy na'i drosglwyddo mewn unrhyw ddull na thrwy unrhyw gyfrwng electronig, tâp magnetig, mecanyddol, ffotocopïo, recordio, nac fel arall, heb ganiatâd ymlaen llaw gan y cyhoeddwr.

Cyhoeddwyd gyda chymorth ariannol Cyngor Llyfrau Cymru.

Cyhoeddwyd gan Gyhoeddiadau Barddas.

www.barddas.cymru

Dylunio a chysodi: Dafydd Owain, Cyngor Llyfrau Cymru.
Celf y clawr a'r darluniau: Myths n Tits (Mari Phillips).

Argraffwyd gan Wasg Gomer, Llandysul.

Cyhoeddiadau
barddas

I fenywod Cymru, ac i'r menywod a ddaeth o'n blaenau.
I'r holl fenywod dwi'n ffodus iawn i'w caru yn fy mywyd.

Ac i Aly, am bopeth.

CYNNWYS

CYFLWYNIAD 1

Y NEINIAU 7
Lowri Hedd Vaughan

SGEN TI DDAU FUNUD? 9
Gwenno Gwilym

DIGON 11
Gwen Saunders Collins

MAM-GEEZERS 13
Elinor Wyn Reynolds

Y GARTHEN GYMREIG 15
Siân Shakespear

DWYLO 19
Mari George

Y PARC 21
Diffwys Criafol

SWIGOD **22**
Rhiannon Mair

EFO'R GENOD **24**
Sioned Erin Hughes

PLETHU **27**
Lois Medi

COGINIO **28**
Melda Lois

BLODAU'R ENFYS **30**
Judith Musker Turner

NYFI **32**
Gwawr Loader

DIOLCH **33**
Kayley Roberts

MAGNOLIA **36**
Siân Melangell Dafydd

LLAWENYDD PETHAU ANWELEDIG **38**
Katrina Moinet

TEYRNGED HI **40**
H. H. Howells

GWANWYN 2006 .... **42**
Non Lewis

ESGIDIAU **43**
Haf Llewelyn

I MARTHA ARGERICH **47**
Jo Heyde

GWEN FERCH ELLIS **49**
Holly Gierke

ENGLYNION I FERCHED DWI'N EU HEDMYGU **53**
Llywela Edwards

COFIO BETTY CAMPBELL **54**
Ffion Morgan

Y GWYDDONGELFYDD **57**
Sara Erddig

Y BARICÊD **59**
Nanw Maelor

COFIWCH PONT SIÔN NORTON **61**
Rufus Mufasa

PE BAWN I'N GOEDEN **62**
Megan Lloyd

MAM 66
Anita Myfanwy

I MARGARET PRICE 68
Siw Harston

ATGOFION TRAETH 70
Sophie Roberts

GORFOLEDD 71
Elen Reader

DINTAGEL 72
Manon Wynn Davies

GORFOLEDD GANOL DYDD 75
Gwenllian Ellis

"TI'N RHY SENSITIF" 77
Bethany Celyn

"WOMEN – DO YOU WALK ALONE?" 79
Elen Ifan

CYSUR RHYFEDD 82
Llinos Dafydd

O DAN YR UN SÊR 85
Tesni Peers

ELFENNAU O FENYW **87**
Mair Jones

DIFFODD Y DŴR **90**
Esyllt Angharad Lewis

GWERS NOFIO **92**
Tegwen Bruce-Deans

RWY'N UN O GENHEDLAETH JONES **94**
Sian Northey

DYNES WYF **95**
Lleucu Non

Y BEIRDD **97**

CYDNABYDDIAETHAU **117**

"… RO'N I EISIAU DATHLU FFRWYTHAU EIN CREADIGRWYDD A'N GWREIDDIOLDEB, A CHREU GOFOD CYNHWYSOL ER MWYN DATHLU POB MENYW. AC OS YDYN NI'N COFIO FOD STRAEON MENYWOD YN STRAEON SY'N BERTHNASOL I BAWB, MAE 'NA SIAWNS Y BYDDWN NI'N COFIO FOD STRAEON POBL DDU, POBL ANABL, A PHOB GRŴP YMYLOL ARALL YN BERTHNASOL I BAWB HEFYD …"

Nia Morais

CYFLWYNIAD

"... Why should women keep talking baby talk while men get to grow up? Why should women feel blindly while men get to think? We've lived long enough in the dark. We have an equal right to daylight, an equal right to learn and teach reason, science, art, and all the rest."

Ursula K. Le Guin

Dyma ddyfyniad gan yr awdur Ursula K. Le Guin, un o fy arwyr personol, wrth ymateb i ail don ffeministiaeth yr ugeinfed ganrif. Roedd hi'n ffeminist a oedd yn brwydro i gydnabod bod menywod yn gallu bod yn wyddonwyr yn ogystal â gwrachod; yn gallu meddwl yn ogystal â theimlo. Mewn cymdeithas pan oedd rhai ffeministiaid yn ceisio codi statws menywod – gan fawrygu cyfriniaeth a thrwy hawlio bod gan fenywod ymwybyddiaeth uwch na dynion – roedd Le Guin eisiau atgoffa'r byd fod menywod hefyd yn rhesymegol; bod gennym ni frêns ac nid jyst calonnau.

Yn y flwyddyn 2025, rwy'n gobeithio ein bod ni fel cymdeithas wedi esblygu y tu hwnt i'r angen i brofi fod merched yn gallu gwneud popeth mae bechgyn yn ei wneud, ond rwy'n meddwl ein bod ni'n dal i stryglo gyda'r ffaith fod menywod yn bodoli o fewn nifer o hunaniaethau ar yr un pryd. Ry'n ni'n disgwyl i fenyw sy'n rhedeg marathon i blygu a chodi tegan ei phlentyn yr eiliad mae hi'n croesi'r llinell. Ry'n ni'n meddwl bod artistiaid, fel Megan Thee Stallion, yn haeddu cael eu saethu am fod yn rhy swnllyd, yn rhy rywiol ac yn rhy hyderus.

Pam ydyn ni'n ei gweld hi mor anodd i ddeall fod menywod yn gallu byw y tu allan i'r bocs? Mae lleihau galluoedd a phrofiadau menywod yn amharchu'r holl waith sydd wedi mynd tuag at gyrraedd ble'r ydyn ni heddiw.

Ac wrth feddwl am sut i ddathlu sgiliau arloesol menywod gyda theitl y gyfrol hon, daeth Cranogwen i fy meddwl ar unwaith. Roedd Sarah Jane Rees yn fardd, yn forwraig, yn bregethwraig, yn newyddiadurwraig ac yn ymgyrchwraig o fri, ac i fi, mae hi'n enghraifft berffaith o'r llwyddiannau y gall menywod blaengar eu cyflawni. Mae ei cherdd 'Cyflwyniad', a gyhoeddodd yn *Caniadau Cranogwen* yn 1870, yn canmol ac yn diolch i'w mam:

> A rhag i tithau orfod rhoddi cam
> I arall fyd, – i'r diethr fyd a ddaw, –
> Cyn derbyn unwaith, i dy anwyl law,
> A gweled *peth*, o ffrwyth y gangen hon
> A dyfodd yn dy gysgod, ar dy fron,
> A phrofi ei flas, – mi benderfynais i
> Ei dynu; – wele ef, fy mam, i ti.

Mae'r gerdd, felly, yn cynrychioli i fi nid yn unig y llwyddiant sy'n bosib pan mae menyw yn gwrthod rhoi ei hun mewn bocs, ond hefyd, gan ddiolch i'w mam, yn cydnabod bod llwyddiant un fenyw yn bwysig i bob menyw arall.

Gyda'r gyfrol hon, ro'n i eisiau dathlu ffrwythau ein creadigrwydd a'n gwreiddioldeb, a chreu gofod cynhwysol er mwyn dathlu pob menyw. Ac os ydyn ni'n cofio fod straeon menywod yn straeon sy'n berthnasol i bawb, mae 'na siawns y byddwn ni'n cofio fod straeon pobl Ddu, pobl anabl, a phob grŵp ymylol arall yn berthnasol i bawb hefyd.

Ro'n i'n chwilio am gerddi blaengar, optimistaidd a heriol ar gyfer y gyfrol hon, a diolch i'r alwad agored, cawson ni swp o gerddi gwych i'w darllen. Yn *O Ffrwyth y Gangen Hon* ceir cerddi am fenywod clyfar, fel hanes 'Y Gwyddongelfydd' Megan Watts Hughes gan Sara Erddig; cerddi am fenywod dawnus, fel 'I Martha Argerich' gan Jo Heyde, a cherddi sy'n dathlu menywod a ddioddefodd anghyfiawnder, fel 'Gwen ferch Ellis' gan Holly Gierke.

Mae yma gerddi am fenywod enwog, a cherddi am fenywod a lwyddodd mewn ffyrdd sydd ddim yn cael eu dathlu digon – rhai dewr, caredig a gwydn y gellir teimlo'u llwyddiannau wrth ddarllen am yr atgofion melys sy'n eu goroesi.

Mae yma hefyd gerddi doniol, cerddi swnllyd a cherddi tyner, ac mae pob un yn profi, wel, fod menywod yn cŵl. Os ydych chi'n fenyw, wedi profi bywyd fel menyw, neu'n ffodus iawn o gael menywod i'w caru yn eich bywyd, fyddwch chi'n gwybod fod menywod yn ddoeth, yn rhesymegol, yn chwilfrydig, yn ddoniol, yn secsi, yn frawychus ac yn gyflawn. Ac mae'n amlwg, o ddarllen y cerddi gwych yma, fod beirdd Cymru yr un mor cŵl â'r menywod y maen nhw'n sgwennu amdanyn nhw.

Y cerddi wnaeth fy nharo i fwyaf yn y gyfrol ydy'r rhai sy'n sôn am y cysylltiad sydd gennym ni gyda'n gilydd: y chwaeroliaeth sy'n trosgynnu iaith, crefydd a lliw croen. Dyma solidariaeth sy'n dod o wybod pa mor anodd ydy hi i frwydro yn erbyn y lleisiau sy'n gwawdio pob dydd (hyd yn oed y llais yn ein pen, yr un mwyaf poenus am ei fod o'n swnio jyst fel ni).

Felly, rwy'n gobeithio y byddwch chi'n cymryd dau beth o'r gyfrol yma: y dyhead i ddathlu llwyddiannau'r menywod yn eich bywyd, a'r wybodaeth eich bod chi ddim ar eich pennau eich hunain. Mae diolch enfawr i Bethany Celyn o Gyhoeddiadau Barddas am weithio mor galed i gydlynu'r gyfrol ac i fy helpu i wneud sens o fy syniadau; i Dafydd Owain am ddylunio gwych; Alaw Mai Edwards am brawfddarllen craff; Sioned Erin Hughes am farchnata bendigedig, ac i Mari Phillips o Myths n Tits am greu clawr a darluniau hudolus a phrydferth. Ac rwy'n gobeithio bydd darllen y geiriau yma'n rhoi'r hyder i chi i fynd ati, fel mae Tegwen Bruce-Deans yn ei ddatgan yn 'Gwers nofio', i "sefyll ar y ddaear hon" heb esgusodion na chywilydd, ac i gofio, fel mae Mari George yn ei ddweud, bod yna "sawl ffordd i fod yn ferch".

Nia Morais

Y NEINIAU

Lowri Hedd Vaughan

Ers Oes yr Iâ,
mae gen i tua naw cant o neiniau,
yn gryf a gwan,
mae'r fintai hon yn f'amddiffyn.

Mae ynof gofnod –
curiad mewn cod
wedi ei gladdu a'i
giwio hyd milltiroedd
o blethiad cudd y
G-C A-T.

Trwyddo – cof dyddiau digonedd
sy'n fodrwy floneg dan fy nghanol
a chryfder y ddawns yn fy nghluniau.

Cof alltudiaeth
dros fynydd-dir ac anialwch
yn esgyrn plaen fy ngholer.

Cof eu hofn, ym mhobman –
yng nghrychau 'nwylo,
cefn crwm eu cuddio
a'r parodrwydd i ffyrnigio.

Mae gen i sgerbwd sy'n llwch pob cyfandir,
anian yn wehyddiad mil traddodiad
a brathiad 'di moeli gan wareiddiad.

Mae'r neiniau drwyddaf draw,
yn gawl a moddion a dyfalbarhad.

Coedwig o gonfensiynau,
seindorf o ganiadau
gyddfol
yn saethu eu galar
tua gorwel rhyw adra.

Mae cofio hyn yn gysur,
yn gynfas,
yn gynhesrwydd ac yn ias.

O'r dwyrain i'r gorllewin
o'r Ohm i'r Amen,
o bobman i mi fan hyn –
mae'r neiniau wrth y llyw.

SGEN TI DDAU FUNUD?

Gwenno Gwilym

I wrando arna i'n cwyno, crio, mwydro, monologio, breuddwydio a gwylltio,
a hefyd, pryd 'dan ni'n mynd allan i ddawnsio?

Sgen ti ddau funud?
Dim byd pwysig
'mond isio sôn am y plant a'u tantryms atomig, cymdeithasu chwithig,
signals annelwig gan ddynion llithrig a *period pains* mwya' diawledig.

Sgen ti ddau funud?
I ddweud wrtha i fod 'na newid ar y gorwel, 'mod i'n ddiogel, bod 'y myd i ddim ar fin dymchwel, fod 'na drysor yn gochel yn rwbel fy rhyfel priodasol.

Sgen ti ddau funud?
Sbia ar y llun 'ma –
'di'r ffrinj yn fistêc? FFS

Sgen ti ddau funud?
No pressure
ond wyt ti'n meddwl 'mod i'n yfed gormod?
Ddylwn i fyw efo Mam a Dad am gyfnod?
A sut dwi'n gwbo' os dwi'n licio genod?

Sgen ti ddau funud?
'Mond dau funud bach
i wrando ar y *voicenote* saith munud 'ma?

Sgen ti ddau funud?
Wyt ti'n dreifio?
DWI'N RHOI'R FFÔN LAWR

Sgen ti ddau funud?
Dau funud pwysig i drafod y petha dibwys,
dau funud bach i ddatrys y petha mawr,
dau funud sy'n troi yn ddwy awr.

Sgen ti ddau funud?
I ddarllen y gerdd 'ma dwi 'di sgwennu
achos ma' hon i ti
am fod yn ffrind amhrisiadwy –
diolch am yr holl falu cachu.

DIGON

Gwen Saunders Collins

Dwi'n ymestyn am fy mhanad.
"Ti isio chwara rŵan, Mam?"
"Gad i mi ddŵad at fy hun yn gynta."

Dwi'n cymryd llymaid araf wrth eistedd ar fraich y soffa,
y gwres o'r gwpan yn goglais fy wyneb.
Er mor fuan yw'r bora,
mae hynt a helyntion Mario a Luigi yn prysur ddatblygu ar garped y stafell drws nesa.

Mae'r sinc yn llawn a'r dillad yn bentyrrau amryliw, ar wasgar fel Lego ar hyd y lle.
Dwi'n cymryd llymaid arall ac yn sylwi ar staen bwyd powld (arall) ar fy siwmper.
Ond mae pum munud o lonydd wedi troi'n ddeg, ac mae'r llwyddiant bach yma'n ddigon i godi gwên.

Ond nid yn y banad a'i llonyddwch y daw llawenydd,
ond wrth glywed a gwylio'r ddau yn eu byd bach nhw,
wrth weld cymeriadau'n ffurfio a meddyliau bach chwilfrydig yn datblygu.

Y 'fenga'n sefyll ar erchwyn y gwely, yn dŵr Jenga o ansicrwydd,
ac yna'n penderfynu mynd ar ei heistedd, a llithro wysg ei hochr at y
llawr diogel.

Neu wrth droedio'r caeau gyda fy mab i hel mwyar duon,
blaenau bysedd yn gwrido
a'i wyneb yn canolbwyntio'n ddygn wrth geisio dal gafael yn y twb
tupperware a pheidio â disgyn i'r mieri.

Mewn eiliadau fel hyn yr egina gorfoledd tawel,
lle nad yw amser yn bod, lle nad yw'r cloc yn teyrnasu.
Mae hyn yn ddigon.

Dwi'n clywed traed yn carlamu dod at ddrws y gegin,
"Ti'n chdi dy hun rŵan, Mam?"

MAM-GEEZERS
Elinor Wyn Reynolds

Gwybyddwch mai ni yw'r Mam-geezers,
nyni neiniau nawddseintiau'r holl people-pleasers
sy'n gwasgu'r sudd yn llon o fywyd
yn gwmws fel epic lemon-squeezers,
ni wragedd llawen gorlawn ein fridge-freezers
yn meddu ar y grym i unioni cam yr holl leaning Towers of Pisas,
y criw sy'n tasgu ag egni byw pnawn o yfed Bacardi Breezers.
Ni ydyw'r rhai sydd wastad â macyn neu focs o Maltesers
â'r pŵer i gysuro pob pwr dab yn ei dro.

Pwyllwch, a chredwch yn ein gallu
di-ball i
wneud pob dim yn well,
jyst am ein bod ni'n bodoli.

Ymgrymwch a dewch yn true believers,
fel criw o ddilynwyr rhyw kinda groovy cheesy Jesus-type
neu gang o ferched histrionic jyst yn dod i'r berw'n wyllt
mewn arena llawn boy-band hyped o Justin Biebers bionic.

Distewch ym mhresenoldeb y rhai sy'n hen lawiau slic
ar wisgo lip-stic chic heb orfod edrych yn y drych o hyd,
a'u defnydd chwim o tweezers slei ar gornel stryd

gan ddofi ael rhemp neu stremps mwstásh heb droi blewyn
meistresi'r tresi, yr ultimate tangle teasers.

Ni'r yass queens sy 'di bod ar y sin ymhell cyn eich geni,
y mamau hyn, sy'n total geezers, ddaw i'ch coroni.

Y GARTHEN GYMREIG

Siân Shakespear

Cofleidiwn ein hunain
drwy suddo'n gyfforddus
a lapio'r cwrlid trwchus, cyfarwydd o'n cwmpas.
Lliwiau cynnes mewn patrwm rheolaidd.
Pob pwyth yn dynn yn ei le,
wedi'i wehyddu'n gywrain.

Teimlwn yn ddiogel ymysg y disgwyliedig.

Megis carthen,
clyma unigolion eu hunain
i wead bro wledig.
Perthyn pawb i'r lle,
drwy chwarae ei ran.
Ffinnir,
diffinnir bywyd
gan waliau cerrig a chloddiau traddodiad.

Trwythwn feibion,
gyda'r meddylfryd,
y ffordd,
i sicrhau olyniaeth.
Hebddo bydd y clymau'n datod,
a'r garthen yn rhaflo.

Ond beth am yr ymylon?
Man y rhai sy'n gwylio ac yn ystyried?
Yma ar y cyrion
ailwampia'r merched y garthen
gydag edau newydd.

Gwehyddwn garthen liwgar,
ysgafn a meddal,
ar gyfer ein dyfodol ni oll.

DWYLO

Mari George

Llun o ferched Glan y Fferi yn casglu cocos gan Aneurin Jones.
Roedd mam fy mam-gu yn un ohonynt.

Olion olwynion
a llwybr y cregyn yn wyn fel ceiniogau
yng ngwawr y mwd;
merched yn eu plyg,
a thywod yn lleithio'u sgertiau
fel cegau eu plant.

Gwelaf fam fy mam-gu,
ac yng nghryfder ei hwyneb
a'i dwylo hallt,
fe welaf fy hunan,
a'r gocosen o syniad
am y ferch fach
a aned dan gwilt
flynyddoedd wedyn.

***

O bell,
mae llongau nwyddau'n pasio a gweld lanterni
a chlywed sgwrs yn nhinc y cregyn
heb glywed yn union beth yw'r geiriau.

Ni welan nhw'r chwerthin a'r jôcs mochaidd
a chyfrinachau caru
yn cwympo rhwng y bysedd
a llifo 'nôl i'r môr.

Ni welan nhw'r dwylo sy'n dal pob geni a marw,
sy'n chwipio ceffylau,
codi sachau trwm i gerti,
rhedeg busnesau
a phasio cymuned o raca i ridyll.

Mae golau'r dynion hyn yn rhy wan.

O bell,
ni welan nhw ond merched.

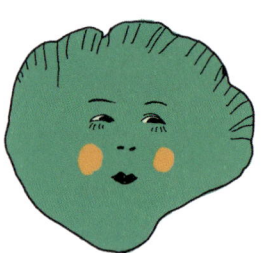

Y PARC
Diffwys Criafol

Yn nhiriogaeth y rhai bychan
y mae gwledda ar wleidydda;
fy nhro *i* ar y siglen,
dadlau di-ri am gyflymder
y rowndabówt,
esblygiad person, gan blygu
a sythu eu gofynion;

gorfoledd pur, hapusrwydd ail-law mam,
a digalonni difynadd
pan fo Calon fach yn cael cam.

Ennyd i anadlu,
ac mewn bodlonrwydd – ymdrochi,
tan y tro nesa i'r wynab bach gochi!

SWIGOD
Rhiannon Mair

Ni'n dwy'n y parc yn lladd amser wrth aros i dy chwaer fawr gwpla'n yr ysgol.
Ti'n chwarae'n dawel, yn ddiddan, ond mae gwres y gwanwyn yn sugno'r egni o dy goesau bach, a draw i'n swigen y dei di am gwtsh.
O'n bychanfyd ni, synhwyrwn fod byd arall nid nepell ohonom, yr ochr draw i'r ffens.
Swigod sy 'na, wedi'u chwythu gan fam, efallai, a gwichian y plantos o'u hamgylch yn dy alw.
Dychwel dy egni, a hyrddi dy goesau bach draw at y ffens i bipo arnynt, dy ddwy law'n gwrl o amgylch y bariau haearn.
Dof ar dy ôl a dy godi, bluen fach, drosto. 'Co ti'n sboncio at yr haid o blantos lliw'r enfys, sy'n dy groesawu i ymuno'n y miri.
Diolchaf i'r fam. Mae ei llygaid yn crychu'n wên garedig y tu ôl i'w *burqa*.
Yn sydyn, mae'r parc yn llonydd; ry'ch chi i gyd yn rhewi, yn dal anadl, gan ryfeddu at un o'r plantos, sy'n dala'r byd, ac enfys arno, yn ei law.
Ry'n ni, fenywod, yn gwybod y byddai bywyd yn haws petai e mor syml â swigod.

EFO'R GENOD
Sioned Erin Hughes

Mae eu deialog
yn llythyrau caru,
her eu llygaid
yn sws glec
ar blyg yr amlen.

Dwi'n cario'r gorau
o'r genod efo fi,
yn pigo'r pethau
meddal o bob cwrdd
rhyngom a'u rhoi
i'w hongian a'u halltu,
fel na awn nhw
fyth yn hen.

Dyma'r caru
a gafodd ei golli
i flynyddoedd
o alw *bitch* ar chwaer.
Y blynyddoedd
o alw hwnna'n *stud*
a honna'n hŵr.

Mae'n garu ifanc,
gwridog, fel dal dwylo
am y tro cyntaf.
Mae'n garu call,
sicr; un sy'n nabod
llaw y llall,
ac o'i chyffwrdd,
yn newid y byd.

PLETHU

Lois Medi

Wyt ti'n cofio'r ddefod foreol
yn cynnau ein diwrnod ysgol?

Un gnoc ar dy ddrws
gan y bengochen betrus
oedd yn aros i gael camu
i arallfyd dy stafell wely

lle byddai'n ymgartrefu
o flaen d'orsaf bincio;
lle, am funud,
byddai'n smalio
bod yn hogan fawr;
lle y llifai ei phryderon o'i phen
wrth iti fwytho'r brwsh gwallt
mor dyner drwy ei mwng,
datod y cyrls cnotiog
a'u trawsnewid yn
un blethen gain:

pob cydyn yn cofleidio,
yn dal yn dynn drwy firi'r blynyddoedd,
yn gwlwm triw rhwng dwy chwaer.

COGINIO

Melda Lois

Creu gwyrthiau o ddim ond briwsion,
gwasgu'r sudd o wag addewidion,
cynnau tân o ddim ond gwreichion,
a llosgi'ch holl amheuon.

Hogi blaen fy nhafod,
brathu'r afal a llyncu'r pechod,
trochi yng nghrochan fy nghyn-wrachod,
cyn llyfu'r gweddillion o'r gwaelod.

Gweini gwirioneddau
ar blatiau ein cyn-neiniau.
Berwi'r dŵr i doddi ffiniau
drwy ffrwtian ffraeth ein geiriau.

***

Â'r byd yn gegin, gwyliwch ni'n herio –
creu o'r newydd ydy coginio.

BLODAU'R ENFYS
Judith Musker Turner

Pan ffoniaist i ddweud dy fod ti wedi ei adael
fe fyrstiodd y tir diffaith ynof i'n flodau'r enfys,
mor wlithog â phetalau dy amrannau
pan oeddet ti'n cysgu'n faban.
Ond gwywasant wrth i ti restru'r llygaid cudd yn dy ffôn,
ei ddwylo'n dy atal di rhag gadael,
ei ymosodedd,
dy ofn.

Estynnaist dros yr agen yr oedd ef wedi ei chreu rhyngddom
a chydiais yn dy law
wrth i ti droedio'r gêm wyddbwyll gyda'r heddlu
a'r cyfreithwyr,
a'r beirniad ifanc mewn siwt las smart
a grwydrodd brom Aber yn sglaffio sglodion
yn rheibus fel gwylan
ar ôl gwarchae ar dy ofn.

Nhw'n gestyll ac esgyb a ninnau 'mond yn werinwyr.

Ond trawsffurfio'n frenhines y mae'r gwerinwr
wrth gyrraedd pen arall y bwrdd –
a dyma ni.
Wrth i ni osod y coronau'n sownd ar ein gwalltiau fflamgoch
dwi'n rhyfeddu
ar allu blodau'r enfys i newid o binc i las a 'nôl eto,
ar allu esgyrn i asio at ei gilydd
ar y graith a'i hymyl arian ar fy nghalon,
ar y ffaith ein bod ni'n
chwiorydd eto.

NYFI

Gwawr Loader

Mae'n brifo
gwthio.
Ond wrth gilio, ymlacio;
wrth adael i bopeth lifo
mae'n rhuthro i'r byd yn dawel.
Anadlaf.
Rhyddhad a gwên y ddwy ohonom yn un.
Plethu gwefusau bregus wrth aros i'w hysgyfaint cryf
glirio. Mae'n crio.
Ei hanadl ddofn yn dofi'r ofn
ynof fi.
Mae hi yma.
Dwi yma.
Dim rhwygo,
dim brysio,
dim sŵn,
dim ofn.
Dim ofn.
Dim ond
Nyfi.
A fi.

DIOLCH
Kayley Roberts

Gadawaist ti mor gyflym,
aderyn chwim a chwipwyd gan y corwynt
a minnau'n dal yn llygad y storm
mewn llonyddwch trymaidd, clos.

Heb fam, o lle daw
cariad,
cysur,
caniatâd

                                        i ddisgyn drosodd a throsodd
                                          ac i wybod fod rhywun yna
                                      i gasglu'r darnau a'u glynu 'nôl
                                                        gydag aur.

                                        Fas *kintsugi* fy mywyd bregus.

Fel crater glaniad dy feteor di
dwi'n wacter i'w lenwi,
dinistr dy ymadael yn fy nhorri eto.

                                                  Ac yna daw'r glaw,
                                              twrw'r diferion trymion
                               yn llifo dros y gwythiennau gloyw.

Ac yna
daw prydau parod fegan iach,
bocsys gorlawn
o siocled, sticeri, canhwyllau, crisialau,
bath bombs, blodau, breichledi, bathodynnau
y menywod yn fy mywyd yn deall
sut i feithrin.

         Nid aur sy'n ail-greu 'mywyd
             ond cariad
        mamau, merchaid, modrybau,
            chwiorydd
sydd yma efo fi, llaw ar ysgwydd,
cerdyn yn y post efo calon ar y cefn
           a dim geiriau –

does dim eu hangen
arna i.

MAGNOLIA
Siân Melangell Dafydd

Rydw i angen cerdd am orfoledd.
Yn ddelfrydol, rŵan. Sgwrsiwn,
ar ein heistedd ar wely blêr,
yn hytrach, am y lleuad
a'r noson amhosib cysgu, y gwres
yn cyffio'r corff, yn llithro ar groen,
yn llethol. Ond rydw i angen dal lleuad
mewn cerdd, heb y gwres. Heno,
does dim un heb y llall. A'r llyffant
herfeiddiol yn canu trwy hyn oll
o'r pwll yn yr ardd, lle byddwn yn
dotio arno yfory, eto, yn torheulo
a siglo ei wddf i'r llaid. Gawn ni
ochneidio wrth y goeden fagnolia,
a'i blodau'n olau prin yn y nos,
ei thafodau ar i fyny, math arall o binc,
sy'n llyncu lliw ein croen. Yfory, awn ati
i greu gwledd o fwyd parti ym mhlatiau
llydan ei phetalau, ein tinau yn y mwsogl
a'r byd yn ein boliau.
Byddi di'n dweud – Mam,
mae'n dod yn haws i rai, y gorfoledd
yma. A'th fys at flodau, at fil o
flodau'r goeden, rwyt ti'n dweud – i hon,
hawdd yw cario'r holl lusernau heb wagio.

LLAWENYDD PETHAU ANWELEDIG

Katrina Moinet

gwely, nawr,
nos da, nawr,
amser swatio i lawr

llyfr ar gau,
llygaid ar gau,
cwsg, cariad, cwsg

pen wrth fy mrest,
cwtsh bychan bach –
Be sy? Be rŵan?

neidio i fyny,
jac allan o'r bocs,
dy balmwydd yn pwyso fy nghroen

curiad, mam!
tic-toc rhydd,
curiad, mam! Tybed trysor cudd

yn curo fy nghawell asennau,
yn deffro dy synnwyr chwilfrydedd,
dy ddarganfyddiad diweddaraf:

fy nghalon flinedig,
fy nghalon bryderus,
hanner llawn â chariad atat

ac yna atgoffa o'r amser
pan geisiodd y fydwraig
ddyfalu dy ryw o rythm yr uwchsain;

carnau'r gaseg neu *ddwylo'r cloc* clapio?
Dwy galon yn rasio
tuag at ddyfodol disglair

a dyma chdi wedi tyfu
ond dal yn gocŵn-agos,
yn ailddarganfod rhythm fy nghalon,

sŵn cwsg y dydd a chwsg y nos
am bron i dri chant o droadau
siglo yn fy nghroth

a dychwelyd nawr
rwyt ti'n dod o hyd iddi eto
a dy le ynddi.

TEYRNGED HI

H. H. Howells

Cymera'r dde
gan dy fod ti o hyd yn gywir.
Ga i wthio'r gadair i mewn?
Paid codi na phoeni,
fi'n bodoli i dy garu:
fy lleuad ddisglair,
prydferthwch oll.

Gorlifa dy blât
ac anghofia'r plant
wnaeth dy annog i newynu.
Cinio Sul, dŵr tonig a gwin,
bron â bod pob un
yn fryn a oedd angen esgyn.
Rwy'n falch i aduno yn yr awyr
eto yn iachus ac yn llawn,
bwyta ffrwyth aeddfed
o'r bwrdd heddwch
am byth bythoedd.

Ar ôl blynyddoedd,
rydym yn ferched
eto gyda'n gilydd,
yn cysgu ar ben y cymylau
ac yn ysu am wledd efo'r angylion.
Helô, Mam,
wyt ti isie pisyn o gacen?

GWANWYN 2006

Non Lewis

Wrth gofio Gruff, y mab, yn dod i'r byd.

Sgan sy'n anfon
ei sêr i sôn
am un mwynach
i'n byd, daw'r bach
â gwên a gwaedd
awr ei gyrraedd!
Er poen er pwyth,
elw tylwyth.
Yng ngwefr Chwefror
her ddaw drwy'r ddôr
yw hwn a'i hwyl,
enaid annwyl.

ESGIDIAU

Haf Llewelyn

Roedd gen inna sodlau
fel dy rai di,
unwaith.
Gwasgwn fy modiau iddynt
a gwingo,
am mai dyna
oedd raid, mae'n debyg,
os am ffitio.
Arferem grechwenu
trwy fysedd,
torasom ffrinjis yn adlewyrchiad
ffenestr y siop jips,
a woblem i rannu lipstig
yn y ciw am y tŷ bach.

Yna,
fe ddoist ti,
a gyda phob mesuriad
o'th draed bach, meddal,
gwthiwyd y sodlau ymhellach
i gefn y cwpwrdd;
a minnau
a'm bodiau'n ddiogel bellach

mewn gwadnau rwber
sy'n gwichian hyd loriau
fy myw syber.

Ond ambell waith
a thithau'n hwylio
am noson allan,
er i mi ryw how dwt-twtian,
cyn dy ollwng o'm gafael –
wedyn
chwiliaf gefn y cwpwrdd,
oherwydd weithiau
daw angen
am rywbeth amgenach
na sgidiau saff
am fy nhraed.

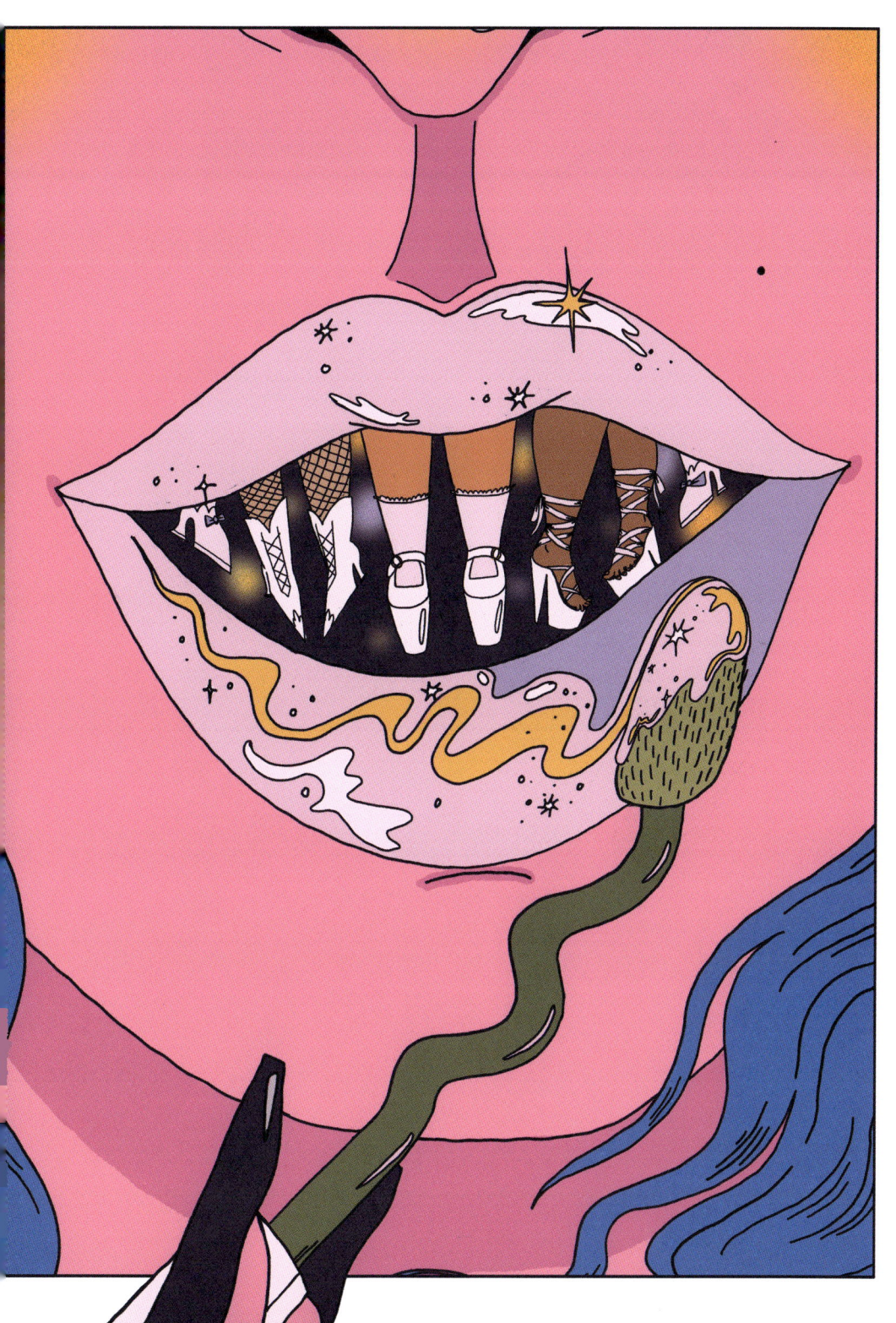

I MARTHA ARGERICH

Jo Heyde
Cerdd i'm hoff bianydd

Cofio ust yr aros,

cofio ei chamu anhyglyw i ganol y llwyfan,
a gloywddu ei gwallt;

cofio'i llaw dde yn dal hances,
a dwyster ei moesymgrymu,
a dim ond arlliw o wên;

cofio'i hosgo wrth iddi eistedd,
ei gïau'n dannau tyn dan gnawd,
a'i breichiau mor gyhyrog-solet;

hanner eiliad,
a'i nòd yn tanio'r sŵn,
a'i bysedd yn hofran
ar ddu a gwyn
a *Rachmaninoff 3*
yn hymian-dôn o addewid;

cofio'i gwefusau'n meimio'i rhawd
mewn pader dieiriau parhaus,
a'i chanu yn guriad o garnau ceffyl,

ac yn ildio elastig
      i frawddeg fregus
           a melystra cordiau;
minnau wedi plygu mor fach i'm sedd,
a hithau'n chwim-gorlannu
nodau amhosib a chyffro *cadenza*;

ymgolli yn y sain
a lenwai'r gofod
nes iddi garlamu'n ddi-fraw
tuag at orfoledd diweddeb,
a phawb ar eu traed;

ust arall, wedyn,
a gwynder yr hances
yn llipa yn ei llaw,
wedi sychu'r ymdrech;

cofio llithro gefn llwyfan,
a dyma hi yno,
a chywair ei chorff ôl-wyrth
yn siapio i gadair feddalach;

ac yn ei llygaid,
gweld ei gwên,
a grym anorfod
ei benyweidd-dra.

GWEN FERCH ELLIS

Holly Gierke

Iachawraig o Landyrnog, Dyffryn Clwyd oedd Gwen ferch Ellis. Hi oedd y person cyntaf yng Nghymru a'r DU i ddioddef y gosb eithaf oherwydd dewiniaeth a chafodd ei chrogi'n anghyfiawn yn Sgwâr y Goron, Dinbych yn 1594.

Ymysg clytwaith o gaeau gwyrddion Clwyd
a fyrlymai o blanhigion a pherlysiau,
rhoddodd Gwen ei ffisig i'r sâl yn fwyd
i geisio'u gwella a lleddfu'r briwiau.

Cofleidiodd bwerau byd natur,
a'i chwest wedi'i wreiddio'n ei dawn,
i iacháu, ond er gwaetha'i hymdrechion pur,
daeth yn ferthyr i ddedfryd anghyfiawn.

Lledodd cysgodion o ofn ar draed,
a'r gwir wedi'i gyfaddawdu.
"Gwrach!" gwaeddasant, am ei gwaed,
a Gwen wynebodd ei hawr ddu.

Ar Sgwâr y Goron, Dinbych, a'i sïon,
safodd yn ddieuog a diffuant;
a gwylio'i chrogi'n ddigon llon
wnaeth y bobl yn awr eu hadloniant.

Ond mae uniondeb Gwen, ei haberthau
a'i dewrder, mewn byd anwybodus,
yn gân drwy'r cenedlaethau,
a'i hysbryd fydd byw drwy'r rhai mentrus –

i beidio ofni bod yn wahanol,
beth bynnag ein tân, gyda dewrder,
yn union fel Gwen, ar ei thaith arloesol,
a dyna fydd ei chyfiawnder.

Gadewch i ni gofio Gwen, nid fel gwrach,
ond fel beiddwraig eofn, na chuddiodd rhag strach,
i'n hannog ni ganrifoedd yn ddiweddarach
i orfoleddu; ni'r newydd ach.

ENGLYNION I FERCHED DWI'N EU HEDMYGU

Llywela Edwards

Meinir Gwilym
Yma o hyd yn hudo – sŵn Meinir
   sy'n mynnu ein swyno.
 Yr alaw a'r traw bob tro
 yn guriad sy'n ddi-guro.

Nain yn 80
Yn hwyliog, mae fel heulwen – i ninnau
   mae'n nain sydd mor llawen,
 oesol siriol fel seren,
  yn gês mor gynnes ei gwên.

'Leri Young Farmers'
Llawn hoffter yw Eleri – yn gyfaill,
   yn gyfoeth ei stori.
 Dotio'n morio ei miri,
  fel haul, nid oes neb fel hi.

COFIO BETTY CAMPBELL

Ffion Morgan

Trwy haenau'r tirlun,
ymhob gronyn o lo
mae ei hawen o hyd yno.
Yn hwylio'i hawliau,
yn dosbarthu ei dadlau
â thon o freuddwydion
cyn angori ei champau.

Wrth ddarllen tudalennau ei thaith,
mi wn mai tu hwnt i dwrw'r tir,
a thu hwnt i bob cyfalaf,
mae yna hadau ar wasgar,
mor agored â chymylau'r haf
mewn gwerslyfrau a muriau,
yn gwreiddio'r holl hanesion,
yn blodeuo gan bob dysg a phob deall.

Mi fyddwn yn cofio ei thaith.
Yn ddaearyddol, un fach ydoedd.
Un arloesol oedd.

Y GWYDDONGELFYDD

Sara Erddig

Ar ôl darllen y gerdd i Megan Watts Hughes gan Cranogwen

Mae hi'n ddirgelwch –
y ddynes dorrodd bob rheol.

Gwaith arloesol, celf unigryw,
gwaddol ei hymdrechion gwyddonol
i fesur yn fanwl
yr hyn a wyddai'n reddfol
cyn y trobwynt tyngedfennol.

Ai'r salwch, a'i saib fu'r sbardun, tybed?
Colli hyder yn ei thalent naturiol
a'i gallu hi i feirniadu'n effeithiol
traw a thonyddiaeth gywir;
rhyw deimlad o ansicrwydd newydd,
pellter oddi wrth ei llais hi ei hunan.

Ond yn ysmala,
tyfodd y dirgryniadau'n betalau
ac yn flodau dychrynllyd, arallfydol;

harddwch yn eu tyfiant annaearol –
nid haul, dŵr a maeth y cae,
na llaw'r artist a'i frwsiau,
a fu'n sail i'r sêr daearol hyn.

Dyfodiad serendipaidd
fel neges gan y bydysawd
fod mwy o gysylltiadau na holltau
rhwng dulliau ein hesboniadau.

Yna llywiodd hi lwybr newydd,
ac mewn byd o ddynion, cyflwynodd,
esboniodd a chafodd hi ei derbyn,
yn groes i'r arferiad ar yr adeg
pan ystyriwyd pethau felly'n arwydd
o 'wroldeb gwrywaidd' mewn 'merched'.

Serch syniadaeth Oes Fictoria
ffynnodd Megan,
a daeth hi i sylw 'Muta',
y fenyw fu'n fuddugol
i Islwyn a Cheiriog.

Dychmygwch ddwy seren wibiol
yn yr oes heriol hon,
yn cwrdd ac yn cyd-edmygu
eu cyfraniadau rhyfeddol.

Draw ar fynydd Aberdyfi,
mewn cyngerdd godidog
i'w hanrhydeddu hi,
canai'r bardd ei cherdd flodeuog,
llawn sêr a lloerau, a'r wybren uwchben;
moliant gwresog Cranogwen.

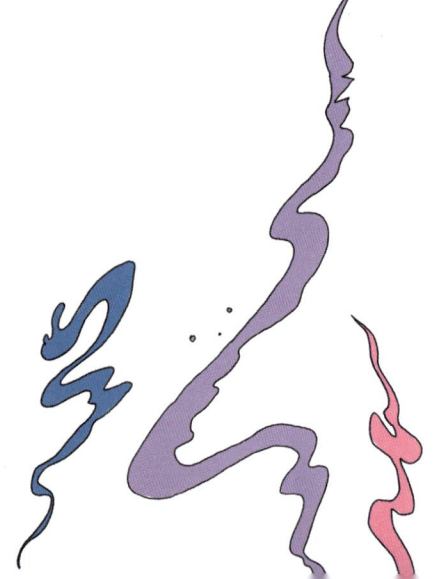

Y BARICÊD

Nanw Maelor

Ymateb i waith celf a oedd yn rhan o arddangosfa Angharad Pearce Jones yng Nghanolfan y Celfyddydau, Aberystwyth

Wele'r carchar gwridog;
ei fariau haearn yn tyfu o'r pridd,
ac yn goron iddo,
pigau main stileto
a fu'n bygwth y rhai a feiddiai freuddwydio y tu hwnt i'r baricêd lliw
Barbie.

Tu mewn, eisteddom,
yn ferched, yn famau, yn fenywod,
a'n cynffonnau rhwng ein coesau
wrth giledrych drwy agen y bariau,
yn llonydd,
fel llewpardiaid mewn sw,
ar y borfa wastad tu allan.

Ond neithiwr, ymwthion ni
gyda'n crafangau
a chrymanu'r metel
yn siâp mamau beichiog
a chreu agoriad yn y ffens;
ei rhwygo o ddiogelwch ei bolltau
a dianc o groth ein caethiwed
ar awr ein hailenedigaeth;

heddiw, rydyn ni'n rhydd
i ddiosg ein sgidiau
a llamu ymlaen.

Ac wrth droi 'nôl
ar wacter ein carchar gwridog ni,
estynnwn baent a brwsh
ag awen
i ailbeintio, i ail-greu.

Peintiwn ein protest
dros gynfas y baricêd lliw Barbie
a'i phincio â smotiau ein cyrff a'n camdriniaeth;
y ni sydd piau'r baricêd nawr.

COFIWCH PONT SIÔN NORTON

Rufus Mufasa

Ysgol Gynradd Gymraeg ym Mhontypridd oedd Pont Siôn Norton a gafodd ei chau wythnosau cyn i'r Eisteddfod gyrraedd ein tref yn 2024. Cysegrwyd y gerdd hon i Mrs Bassett a roddodd ei bywyd i genedlaethau o blant ac i addysg Gymraeg. Nid oes gan neb air drwg i'w ddweud amdani ac y mae ei geiriau i gyd yn llawn cariad.

Mae ambell angel ar y ddaear yn
Rhugl mewn caredigrwydd ac yn disgleirio'n
Sanctaidd mewn ffyrdd syml

Bendith i fywydau bach y filltir sgwâr sy'n
Agor byd o bosibiliadau
Sibrydion eneidiau ers talwm
Salmau a chyfriniaeth fatriarchaidd
Etifeddu popeth sydd ei angen arnoch
Tymor ar ôl tymor am dri deg wyth mlynedd
Twdlw Mrs B, hirfyw'r Ymerodres.

PE BAWN I'N GOEDEN

Megan Lloyd

Dychmygaf fy hun fel hadyn

sydd wedi gwthio drwy dywyllwch y pridd tamp
i godi fy mhen a rhoi fy ngwyneb i'r haul.

Rho i mi olau, dŵr, gofal, cysgod;
rho i mi le i dyfu gwreiddiau cryfion

a gwn, er gwaetha'r amodau, byddaf yn goeden rhyw ddydd.

***

Pe bawn i'n goeden, byswn yn goeden afalau.

Yn orchudd o flagur pob gwanwyn
ac mewn gwisg drom o ffrwyth erbyn yr hydref.

Dychmygaf fy nghanghennau'n dal tomen,
fel y domen o ferched sy'n fy nal i.

Y blynyddoedd yn mynd heibio a minnau'n gwrthsefyll pob tywydd.

***

Meddyginiaeth sudd melys fy ffrwyth – byddent yn helaeth.

Wrth sefyll yn yr un lle,
bwydaf foliau sawl cenhedlaeth.

Meddyliaf am y ffordd y byswn yn cyfathrebu efo'r tir
pe bawn i'n rhan ohoni,

a'r ffordd bysa'r madarch yn fy ateb, fel llanw a thrai.

***

Pe bawn i'n goeden afalau, byswn i'n rhan o berllan.

Yn bwydo'r gwenyn,
yn gartref i'r adar bach.

Fy nheulu'n tyfu o fy amgylch,
fy mhlant yn glynu i fy mreichiau,

ein gwalltiau yn newid yn dymhorol, cynnig cysgod yn ein lloches hanfodol.

***

Wrth synfyfyrio, sylweddolaf ein bod ni i gyd yn perthyn i natur.

Dwi'n gorfoleddu yn y meddylfryd
o rannu'r ddaear hon efo'r fath brydferthwch.
Y fath brydferthwch,
a beth am i ni edrych ar ei hôl

fel mae hi'n edrych ar ein holau ni? Wastad wedi, wastad am wneud.

***

Meithrin tragwyddol y nain ddaear,
ac felly buodd Nain erioed,

diolch, Nain.

MAM

Anita Myfanwy
Nesta Lane née Hughes (1921–1994)

Wyneb siriol Mam sy'n gwenu,
yn crisialu,
yn gorfoleddu
wrth i'w breichiau ein cynhesu
a'n diogelu,
a'n gofidiau'n diflannu.

Anghenion plentyn yn cael eu diwallu
wrth i ni gael ein caru.
Poenau yn lleddfu,
yn lliniaru
a chwalu.

Mam yn maethu wrth nythu.
Ein calonnau yn plethu,
bywydau yn gorfoleddu a dathlu,
yn danbaid dywynnu
a'r cariad fel cwrlid cynnes yn taenu
drosom wrth i ni dyfu.

Ac yna, yr anadlu'n arafu, a thawelu
yn llonyddu,
yn diflannu.
Wedyn y gwahanu.

Poenau yn ein parlysu,
yn ein mygu a'n meddiannu.
Calonnau yn gwasgu ac yn gwaedu
wrth i'r un a wnaethom ei hedmygu
a'i mawrygu
fynd i orwedd gyda'r briallu.

Er yr holl golledion a'r llethu,
y mygu, y tagu a'r gwasgu,
ei chariad sydd i'w ddathlu,
a'i nerth ei fawrygu.

Galaru a hiraethu
            ac ysu
                  am yr hyn a fu,
                        am yr holl fwyn fynwesu.

Wyneb siriol Mam sy'n gwenu.

I MARGARET PRICE

Siw Harston
Troedrhiwesgair, Llanwrda, Sir Gâr 1890–1958

Sgidie du oedd gan Mam-gu
i garthu'r clos a chlirio'r ffos,
casglu wyau, rhodio'r caeau,
bwydo'r mochyn, corddi'r menyn,
godro'r da a phlannu ffa.

Ffetan lwydaidd rhag baw ffiaidd,
clog o'r glaw a'r gwynt a ddaw
yn ewn i'w thyddyn ar ochr bryncyn,
i dendio'r ŵyn a gwrando cwyn
y defaid wrth eu hamddifaid.

Piner glas o frethyn cynfas
i ferwi crochan a gwylio'r baban,
i gwcan fflan a chwirio'r hosan;
a'r te gwana ar doc o fara
am de Tad-cu, ef yn pylu
yn ei gader, o'r wawr i'w bader.

> "Bydd yn wrol, paid â llithro
> er mor dywyll yw y daith"

Ar y Sul het frown dynn yn sownd
ar wallt brithliw i dŷ ei Duw,
yn fintai lu am Gwm Sarn Ddu,

wedi codi, cyn i'r canu
gan yr adar ddih'no ei chymar,
a'i wisgo er lludd ei siglo.

Hel o'r 'catalog' am un ffrog
i gymanfa Tabor – porffor
a wnaiff bara, trwy sawl ha'.
Gweler Dad eto'n cael gwisgo
trwser pen-lin, er bod yn ddyn,
a gadael ysgol yn aberthol.

Menig du wisgodd Mam-gu
i'r Steddfod fach gan ganu'n iach
i'r gwaith blinedig ar ddydd Nadolig,
ond fan'na wedyn – doedd dim nodyn
mawr o groeso wrth rai eu gwawdio
a gwneud sbri ar stad Tad-cu.

> *"Cei dy farnu, cei dy garu*
>   *cei dy wawdio lawer gwaith"*

Gweu siwmper wlân ar bwys y tân
wrth wrando ar lais y radio
yn datgan bod y byd cyfan
nawr am goethan, wnaeth hi'n ddiegwan.
Ei ffydd oedd ei nerth a rhoddodd werth
ar bob aberth a phob trafferth.

> *"cred yn Nuw a gwna dy waith"*

ATGOFION TRAETH
Sophie Roberts

o'n i wedi dy weld o'r blaen
a thithau fi, yn ôl yr ysgrif yn dy lygaid
yn ôl dwylo oedd yn synhwyro sut i gyffwrdd
gwefusau
a'r tywod poeth
yn llithro trwy fysedd
gan adael gwres ar fy nghroen

dechreuon ni dân
o ddarnau o bren
a cherrig mân mewn cylch anwastad
yn enaid hoff cytûn am byth bythoedd
ac am noson
yn amherffaith, gwir a sicr
ynom ni

byddwn yn dod o hyd i dywod am ddyddiau

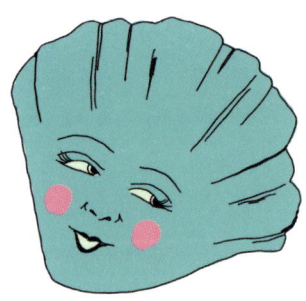

GORFOLEDD

Elen Reader

Cyfrinach sy'n rhaid celu
yn gywilydd sy'n gafael fel gefail
yn ddistaw, yn ddiarwybod, yn ddirgel,
dy gydwybod yn dy gnoi,
gorfoledd sy'n guddiedig.

Dy orfoledd sy'n ormod,
cocha mewn cywilydd,
ymwthia'r mwynhad ymhell i'th isymwybod
a mynna'r moesau sy'n eisiau;
gwinga mewn gwarth
gan gofio fod dy gorff ar gyfer gorfoledd gwryw.

Ond mwyngloddia i berfeddion dy bleser
gan ddiosg y ddelwedd
a dianc o'r disgwyliadau,
gan weini ar wreiddiau dy reddfau
a chanfod dy chwant –
pob eisiau, pob angen, pob gofyn,
dy orfoledd di.

DINTAGEL

Manon Wynn Davies

Yma, ar y clogwyn uchaf ar gyrion y gaer,
y cenhedlwyd fi.
Yma. Lle llosga'r llusernau'n wan bob ochr i'r porth.
Y tonnau'n wyllt oddi tanaf
a'r gwynt yn drais ar fy nghroen hallt.
Yma. Lle mae'r tir yn arw
a'r graig yn gyllyll.
Cefais fy nghaledu i'r corwyntoedd.

Twyllo fy hun i ddechrau,
cuddio dan wyneb rhywun arall,
haeru fy hyder nes imi ei gredu fy hun.
Dod yma'n drwm,
a ffugio sgafnder wrth wenu ar ddieithriaid
hyd llwybr anghyfarwydd
sy'n fflyrtio weithiau ag erchwyn y tir uchel.
Gwyliais o'r ymyl am eiliad
y gaer yn dal i droelli'n chwil.

Ac roedd y bont i'r tir cyfarwydd ar gau,
y gwynt yn rhy gryf, wedi'm chwythu i'n rhy bell,
a dim amdani ond llamu
a megino fflam fach newydd â'm hanadl fy hun.

GORFOLEDD GANOL DYDD

Gwenllian Ellis

Mae'r tŷ yn wag,
yr e-byst yn ddiddiwedd a bron mor undonog â'r glaw.
Dwi'n gwrando ar Chappell Roan,
a bloeddio canu 'Good Luck, Babe!'
i godi gwên –
i ddianc.
Ac mae'r holl sôn am *sexually explicit kind of love affair*
yn fy ngwahodd tua'r grisiau –
a'r gwely,
a'r gwningen.

Disgwyliad wrth dynnu amdanaf,
cynnydd yn y cynnwrf,
a theimlad islaw yn gyrru ias.
Llygaid yn cau,
meddwl yn diffodd,
greddf yn deffro.

Chwys yn casglu uwch fy ngwefusau.
Bysedd yn nadreddu eu ffordd i lawr
tua'r famwlad.
A dwi'n meddwl amdano,
yn anadlu rhwng fy nghoesau,
yn fy nghyffwrdd yn ysgafn wrth ei thanio.

Ac wedyn dwi'n meddwl am yntau,
wrth iddi lwybreiddio'n ofalus,
cyn mewnblannu'n gryniedig i'm gwlithbwll.

Dwi'n agor,
dwi'n llenwi,
a dwi'n agos yn barod.
Ac mae Chappell Roan yn dal i floeddio lawr y grisiau.
A dwi'n meddwl am ein cusanau cleisiog
a'r ffordd 'nest ti sibrwd fy enw yn 'y nghlust.
Ac mae 'nghalon i'n cyflymu,
fy mol a fy mloneg yn llacio,
anadliadau pytiog,
pleserus.
A gydag un gwthiad chwim, ysgytiog arall:
cwblhad,
cyflawnhad.

Dim byd yn gywilyddus,
'run teimlad yn fwy melys,
na wanc ar y cloc.

"TI'N RHY SENSITIF"

Bethany Celyn

wrth syllu ar y sgrin ac amsugno
trais cosmig ein hoes
(sy'n pefrio'n ddiddiwedd),
cofiaf fod modd diffodd
y golau glas –

cerfio llonyddwch yn y llanast,
dysgu sut i wrando
gyda'm holl synhwyrau,
am nad ydw i'n ddata,
nac ychwaith yn gasgliad o bicseli,
ond yn gyfuniad blêr o deimlad a chroen;

mae fy mol a 'mrest cyn fwyned
â bryniau Clwyd, a'r patrymau porffor
a'r gwreichion gwynion yn brawf
o'm gwydnwch a'm gwreiddiau,

fy llygaid yn byllau gwyrddlas,
yn barod i herio syfrdan y sgrolio,
i ryddhau llifddorau'r galar a ddaw
law yn llaw â gorfoledd;

gorlenwaf yn gyson –
rhaeadru fel afon Ystrad
a disgyn yn drwsgl dros y stepiau salmon,
yn ddŵr o'm tarddiad i'm cyrchfan;
yn feddal, yn fregus ond yn gryf.

"WOMEN – DO YOU WALK ALONE?"

Fforwm UK Hillwalking

Elen Ifan

Ar y ffordd yn y car,
'nes i flastio miwsig.
Ymgolli i alawon cyfarwydd:
edefynnau atgofion yn chwifio
drwy'r ffenest agored.
Tynnu ar un neu ddau
yn sain fy ngorffennol, a gwenu.

Gwirio popeth eto cyn dechrau.
Pecyn bwyd, cot law,
eli haul, *layers* sbâr, tortsh pen,
map. Digon o fatri'n y ffôn.
Clymu sgidiau, ac wrth blygu,
rhu nerfusrwydd fy ngwaed
sy'n pwmpio'n galed
yn fy nghlustiau.

I ddechrau, clywed dim,
dim ond crensh fy nhraed rhy drwm ar y llwybr.
Helô parchus wrth basio cerddwyr eraill
(neb yn edrych ddwywaith),

ond dwi'n dal i symud, heb dynnu sylw,
ar ôl colli'r llwybr ambell dro.
Fflach o adar yn codi i'm croesawu
yn eu braw hwythau tro hyn.

Ddim yn bell o'r copa, ar gornel unig,
a'r llwybr yn llifo i lawr o 'mlaen i,
dwi'n sipio 'nghoffi, ac eistedd
yng ngorfoledd tawel bodlonrwydd.

CYSUR RHYFEDD

Llinos Dafydd

Yn fy nghornel dawel fy hun, adeiladaf fy lloches,
garreg wrth garreg, haen ar ôl haen o atgofion
ni feiddiaf ailymweld â nhw, ond rwy'n cofio.

Yma, mae waliau'n codi'n uchel,
eu cysgodion yn hir ac yn oer,
caer yn erbyn sŵn y byd tu allan.

Pob bricsen yn sibrwd nosweithiau pan mai distawrwydd oedd fy unig gysur,
a'r tywyllwch, blanced i guddio oddi tano.
Rwy'n garcharor ac yn amddiffynnydd,
yn dal yr allweddi i ddrysau na ddylid byth eu hagor.

Mae gwyntoedd y byd tu allan yn udo gan fy atgoffa
o ymosodiadau a chrafangau a symudodd yn rhy agos.
Ond yma, o fewn y muriau hyn, mae'r storm yn daranau pell,
chwyrnu distaw na all gyrraedd fy esgyrn.

Rwy'n gwau fy nyddiau ag edafedd o dawelwch,
pob eiliad, pwyth, yn ffabrig diogelwch.
Heddwch bregus yn fy hafan fy hun,
cydbwysedd eiddil rhwng ofn a dewrder.

Mae fy nghalon yn curo'n dawel, rhythm o wytnwch,
pob pwls yn dyst i'r nerth a geir wrth encilio. Goroesi.

Mae ymwelwyr yn brin. Eu croesawu? Llai fyth.
Anodd trwsio'r ymddiriedaeth pan fydd wedi'i chwalu,
ac felly rwy'n aros, yn warcheidwad fy nghalon fy hun,
gwyliwr yn erbyn yr atgofion
sy'n aros fel ysbrydion yn y cyrion.

Yma dof o hyd i gysur rhyfedd,
tawelwch lle gallaf anadlu heb wingo,
lle gallaf fod heb gwestiwn.
Mae'r creithiau sy'n mapio fy nghroen wedi'u cuddio yma,
eu straeon yn hysbys i mi yn unig, eu poen yn faich preifat.

Ac eto, yn yr unigedd hwn, y mae hedyn gobaith,
blaguryn bychan, parhaus sy'n meiddio breuddwydio
am ddiwrnod pan allai'r waliau ostwng,
pan allai'r storm fynd heibio, ac efallai caf gamu i'r haul
heb ofni cysgod.

Tan hynny, rwyf yma
yn fy hafan wedi'i cherfio o gerrig fy ngorffennol,
digon cryf i ddal fy mhoen,
digon tyner i fagu fy iachâd.

O DAN YR UN SÊR

Tesni Peers

Heno, os dwi'n lwcus,
mi welaf y sêr eto,
y dotiau bychain gwyn
sy'n ymgartrefu yn yr awyr ddu,
rhyw ddrws i gyfrinachau'r cosmos
ar gyfer y duwiau i gyd
sy'n edrych drosom ni,
ac yn gwylio o deyrnasoedd eu cytserau,
i gyd o ochr arall fy ffenestr.

Gwenwn ar ein gilydd,
yn ymhyfrydu yn y tawelwch rhyngom,
tra cynhesa fy nychymyg
wrth ystyried yr holl bosibiliadau
sy'n byw yn y sêr.

Ond yn sydyn, daw cysgod dros fy nghalon,
a rhwygo'r sbectol rosod
oddi ar fy wyneb, a gwelaf pa mor lwcus ydw i;

mae gen i do i'm hamddiffyn
rhag bwledi'r glaw oer
a phelenni canon y gwynt;
mae gen i fwyd i lenwi
fy mol a'm llenwi â maeth
i'm cadw'n iach;

mae gen i feddyginiaeth
i helpu fy nghorff adfer ei hun
rhag ymosodiad unrhyw afiechyd
sy'n mynnu fy mrifo;
mae gen i'r holl liwiau
yn fy myd natur
i lenwi fy ysgyfaint ag egni,
a'r unig bethau sy'n hedfan
uwch fy mhen yw
adar, awyrennau a chymylau.

Heno, rhythaf ar y sêr
a gofyn i'r duwiau, pam?

Pam 'mod i'n gallu agor fy llygaid
i fyd lle mae rhyw fath o heddwch
yn bodoli, pan nad oes gan rywun arall
y fraint honno?
Pam 'mod i'n byw yn fy nghorff i
yn lle corff arall?

Ond dydy poeni am y pethau hyn
ddim yn helpu dim;
pethau bychain sy'n datrys
problemau mawr.

Felly, pob tro edrychaf ar y sêr,
addawaf i wenu arnynt,
a gwerthfawrogi pŵer fy nghamau
bychain, i helpu eraill
sy'n byw o dan yr un sêr â minnau.

ELFENNAU O FENYW

Mair Jones

Tân

Ar dân yn dy angerdd
i wneud rhywbeth – gwahaniaeth.
Yn newydd i'r ddaear, yn werdd,
yn trio deall dy iaith.
Fflamau tu mewn, amyneddgar;
gwreichion yn dy lygaid.
Tafla fwy ar y goelcerth –
dim ond dechrau mae bywyd.

Dŵr

Nawr ti'n fam yn cadw'r lle'n lân,
y tân heb ei anghofio.
Yn ymolchi ac yn canu dy gân,
ddim yn boddi ond yn chwifio,
y tân yn bodoli am wres;
tafla ddŵr drosti a nofio.
Dyw pob merch ddim yn arwres.
Nawr ti jyst yn arnofio.

Daear

Ond ynddi hi mae hedyn
all rywbryd achub y ddaear
pan yn fwy na blodeuyn;
ond un dydd, mewn blodeuglwm hardd,
yn gryfach na dim ond un,
yn ennyn cariad, o'r ardd
i'r aderyn a'r gwybedyn –
a chi nawr o dan, yn gorffyn.

Awyr

Arnofiwch nawr wrth hedfan,
yn rhydd eto fel rhoces,
fel y fôr-forwyn fechan.
Edrychai hi am arwres,
wrth i chi edrych drostan,
i weld – iddi hi, roeddech yn dduwies.
Chi'n fodlon yn eich gorffwysfan
i'w gadael hi, eich arwres.

DIFFODD Y DŴR

Esyllt Angharad Lewis

pan elo

Roedd rhywbeth lelog am ei ffordd,
ei gallu i sythu cwestiynau trwchus
a ffrwyno drwgdybiaeth y caeau.

Byddai'n mynd i westy'r mynyddoedd a llyncu byrddau
wrth fwrw'r Sul.

Doedd dim ots ganddi bod y breichie hufen yn chwerthin am ei phen.
Pan ddeuai'r glaw bwyell
byddai hi'n llefaru'r tonnau,
eu gwisgo fel pethe diddiwedd.

Roedd rhywbeth lelog am ei ffordd.

poethdon

Gair benthyg oeddet ti
Rhywbeth i lenwi
Cromfach

sylweddoliad

Roedd twll yn y blagur.   Dere
Gwelais o'i fewn   'nôl
fenyw yn mwmian mewn drych   ata i.

cwrls mewn cwpan

"Mae dy gwrls yn bert mewn cwpan,"
meddai'r goeden wrthi unwaith.

Nawr mae hi'n cerdded drwy'r dref a'i chwrls yn llenwi
pob powlen,
dysgl,
peiriant golchi dillad,
cyfnewidfa pryder,
jwg sychu dwylo,
palmant llyfn,
a siop o fewn golwg.

Mae'n cofio am bant Pagwy lle mae'r anifeiliaid yn llyfnhau ei gilydd
â lloriau pren igam-ogamog, a
daw
gwên
dros ei gwallt.

GWERS NOFIO
Tegwen Bruce-Deans

Gest ti dy eni i fyd wedi'i liwio'n binc
ac sy'n gofyn iti aberthu am y pleser,
y pleser o ddadlapio danteithion
i ddatgelu esgyrn plastig,
a'u hunswydd yw rhwymo briw
nad yw'n friw ond yn llygaid eraill.
Gest ti dy eni i fyd sy'n dysgu genod bach
i nofio er mwyn dianc rhag y nos,
ond yn mynnu nad oes croeso yn y pwll
heb guddio gwaed y golled unwaith y mis,
ei ffeminyddiaeth bur yn ddigywilydd
yn ei chochni tew, tywyll, coch y galon,
coch y rhegfeydd sy'n llifo ohonot
wrth iti feiddio neidio i gorff y dŵr
a gadael iddo dy geseilio'n ofalus
fel hen ffrind, ac rwyt ti'n sylwi
nad colled ydyw, ond datganiad
o dy hawl i sefyll ar y ddaear hon.

RWY'N UN O GENHEDLAETH JONES

Sian Northey

Mae 'na fwlch
nad oes neb yn sôn amdano,
rhwng y gwaedu olaf
a'r cam tuag at y pulpud a'r *commode*.
Cyfnod cyfrin
lle cei wisgo clogyn hud llawn sêr amryliw
a bod yn anweledig.
Lle cei ddweud dy ddweud
ac anwybyddu'r diawled
fu'n dy blagio 'rioed.
Cuddiwn y gyfrinach hon
â legins M&S
a sgidiau call,
rhag ofn i bobl weld y tanau gwyllt
lle bu'r groth yn gwingo
a chlywed yn ein sgyrsiau dof
nodau *coda* cerddorfa *jazz*.

DYNES WYF

Lleucu Non

Dynes wyf
ac rwy'n caru bod yn ddynes.
Tafla'r byd gymaint yn f'erbyn,
ond goroesi wyf o hyd.

Talwch fi'n llai
gan mai dynes wyf,
ond gwaedaf ar hyd y filltir ychwanegol i brofi fy hun.

Byddwch yn bennau bach
a galw'n hyll ar f'ôl,
dynes wyf.

Mae goriad yn dynn yn fy nwrn gwyn
am mai dynes wyf
ac mae cariad chwiorydd yn fy arwain i adnabod hyn,
i'm codi, i'm harwain i agor y drws a gweld mai –

dynes wyf
ac rwyf o'r diwedd yn caru'r corff a roddodd fy mam i mi;
colur ai peidio,
rwy'n dysgu adnabod fy mhrydferthwch –
rwy'n caru bod yn ddynes.

Y BEIRDD

Anita Myfanwy

Fe'i magwyd yn Nebo, Arfon, yn un o chwech o blant. Mae ganddi ferch a mab, Gethin a Delyth, ac mae hi yn nain falch i Cadi a Ffion. Mynychodd brifysgolion Bangor ac Abertawe. Bu'n athrawes Hanes a Chydlynydd Trais yn y Cartref, arweinydd clybiau ieuenctid, yn diwtor Cymraeg ail-iaith, yn Swyddog Datblygu Hawliau Plant ac yn Swyddog Datblygu Tlodi Plant drwy Gymru. Ysgrifennodd nifer o adroddiadau ar y pynciau hyn. Cynrychiolodd sefydliadau gwirfoddol yn Llywodraeth Cymru. Bu hefyd yn weithgar gyda Chyfeillion Cae'r Gors. Mwynhâi roi cyflwyniadau ar Hanes Cymru a llenyddiaeth Gymraeg i gymdeithasau. Mae'n cyfansoddi cerddi a rhyddiaith ers ei bod yn yr ysgol gynradd.

Bethany Celyn

Cantores-gyfansoddwraig a bardd o Ddinbych yw Bethany Celyn sy'n byw yn Aberystwyth. Hi ydi Golygydd Creadigol Cyhoeddiadau Barddas. Astudiodd Lenyddiaeth Saesneg yn King's College, Llundain, ac Ysgrifennu Creadigol Cymraeg ym Mangor, a buodd hi'n rhan o'r grŵp barddol Cywion Cranogwen a'r colectif TAIR. Mae hi'n aml yn gwehyddu ei cherddoriaeth a'i cherddi i brosiectau amrywiol ac mae hi wedi perfformio, rhyddhau a chyhoeddi ei gwaith yn eang.

Diffwys Criafol

Dyma enw barddol awdur anhysbys sydd fel arfer yn trafod gwleidydiaeth anarchaidd ac yn sgwennu ysgrifau. Ei merch fach ddireidus a'i hysbrydolodd i ysgrifennu'r gerdd 'Y parc'. Gellid darllen gweithiau eraill Diffwys Criafol drwy'r ddolen ar ei chyfrif Instagram.

Elen Ifan

Mae Elen Ifan wedi bod yn cyhoeddi ei barddoniaeth ar y cyfrif instagram @ystlum ers 2019. Cyhoeddodd ei phamffled unigol, *Ystlum*, yn 2022 gyda Chyhoeddiadau'r Stamp a bu'n Fardd y Mis, BBC Radio Cymru ym mis Mai 2023. Mae hi'n rhan o rwydwaith creadigol Kathod. Yn wreiddiol o Fro Morgannwg, ac yn dilyn cyfnod yn byw ym Mangor a Chaernarfon, mae hi bellach yn byw yng Nghaerdydd ac yn ddarlithydd yn Ysgol y Gymraeg, Prifysgol Caerdydd.

Elen Reader

Mae Elen yn dod o Dinas, Pen Llŷn, yn wreiddiol ond bellach wedi ymgartrefu yn Grangetown, Caerdydd, gyda'i chath, Rosabela Crempog. Mae hi'n athrawes ysgol gynradd ac yn mwynhau ysgrifennu creadigol yn ei hamser hamdden pan fo'r awen yn cydio.

Elinor Wyn Reynolds

Bardd ac awdur yw Elinor Wyn Reynolds. Daw o'r Rhondda'n wreiddiol, ac fe'i magwyd yng Nghaerfyrddin. Mae angen llenyddiaeth ar y byd, nawr yn fwy nag erioed, ac mae Elinor yn credu ym mhŵer geiriau i newid pethau, er gwell. Cyrhaeddodd ei chyfrol *Gwirionedd* restr fer Llyfr y Flwyddyn yn 2020, ac fe enillodd ei chyfrol farddoniaeth, *Anwyddoldeb*, gategori barddoniaeth Llyfr y Flwyddyn yn 2023. Mae hi'n byw yng Nghaerfyrddin gyda'i theulu.

Esyllt Angharad Lewis

Artist a chyfieithydd o Graig-Cefn-Parc yw Esyllt Angharad Lewis. @esylltesylit

Ffion Morgan

Mae Ffion Morgan yn byw yn Aberteifi ac yn athrawes ysgol gynradd yn ei milltir sgwâr. Mae Ffion yn mwynhau barddoni am faterion cyfoes ac yn mwynhau rhannu ei hangerdd am lenyddiaeth gyda'i disgyblion. Heblaw am farddoni, mae Ffion yn mwynhau treulio amser gyda theulu a ffrindiau, crwydro arfordir Cymru a chloncan!

Gwawr Loader

Daw Gwawr yn wreiddiol o Fynwent y Crynwyr yng Nghwm Taf ond erbyn hyn mae hi wedi ymgartrefu yn Grangetown gyda'i gŵr a'i phlant. Ers 2011 mae Gwawr yn actores broffesiynol ac yn 2019 dechreuodd addasu a throsi dramâu, sioeau cerdd a chartŵns o'r Saesneg i'r Gymraeg. Yn ddiweddar, sgriptiodd bennod o *Pobol y Cwm* ac ar hyn o bryd mae hi'n ysgrifennu sioe Nadolig wreiddiol ar gyfer Theatr Sherman. Mae'r gerdd 'Nyfi' yn sôn am enedigaeth ei hail blentyn yn 2023.

Gwenno Gwilym

Mae Gwenno Gwilym yn byw yn Nyffryn Ogwen ac yn mwynhau sgwennu yn Gymraeg a Saesneg (ac yn aml yn cyfuno'r ddau). Mae ei cherddi wedi ymddangos yn *Poetry Wales* a *Ffosfforws*, ac roedd hi'n Fardd y Mis ar BBC Radio Cymru ym mis Chwefror 2024. Cafodd ei nofel gyntaf, *V + Fo*, ei chyhoeddi ym mis Tachwedd 2024 gan Wasg y Bwthyn.

Gwenllian Ellis

Daw Gwenllian Ellis yn wreiddiol o Bwllheli ond mae hi bellach yn byw yn Llundain. Cyhoeddodd ei llyfr cyntaf, *Sgen I'm Syniad: Snogs, Secs, Sens* yn 2022 gan y Lolfa, ac enillodd wobr Barn y Bobl yng ngwobrau Llyfr y Flwyddyn 2023. Mae hi eisoes wedi cyhoeddi ei gwaith yn y cylchgronau *Cara* a *Barddas*, ar raglen *Hansh*, gyda'r Eisteddfod Genedlaethol a chwmni theatr Frân Wen. Mae ei gwaith yn canolbwyntio ar themâu yn ymwneud â'r profiad o fod yn ferch ac mae hi wrthi'n gweithio ar ei nofel gyntaf.

Gwen Saunders Collins

Mae Gwen Saunders Collins yn fam, yn wraig, yn gyfieithydd ac yn ysgrifennydd llawrydd. Astudiodd yn Ysgol y Gymraeg, Prifysgol Bangor, gan gyflawni ei gradd Meistr a Doethuriaeth yno hefyd ar farddoniaeth merched yn y Cyfnod Modern Cynnar. Cyhoeddodd ffrwyth ei hymchwil yn ei chyfrol *Alis ferch Gruffudd a'r Traddodiad Barddol Benywaidd* yn 2015. Pan mae amser yn caniatáu, mae hefyd yn hoff o ddarllen, barddoni ac ysgrifennu erthyglau, ac wedi cael y cyfle i fod yn Fardd y Mis ar Radio Cymru, a chyhoeddi ei gwaith yn *Barddas*, *Dweud y Drefn Pan Nad Oes Trefn* ac amryw gyhoeddiadau eraill. Mae'n byw gyda'i theulu ifanc yn Llannerch-y-medd.

Haf Llewelyn

Mae Haf Llewelyn yn awdur a bardd, ac yn cynnal gweithdai ysgrifennu creadigol ar draws Cymru. Daw'n wreiddiol o Ardudwy ym Meirionnydd, ond erbyn hyn yn byw yn Llanuwchllyn ger y Bala. Cyhoeddodd nifer o lyfrau ar gyfer oedolion, pobl ifanc a phlant – ymhlith y cyhoeddiadau mae barddoniaeth, ffuglen a rhyddiaith ffeithiol. Enillodd y nofel wedi ei selio ar hanes y bardd Hedd Wyn, *Diffodd y Sêr* (y Lolfa) wobr Tir na n-Og yn 2014, a chafodd y nofel ei haddasu i'r Saesneg dan y teitl *An Empty Chair*. Cyrhaeddodd ei chyfrol o farddoniaeth, *Llwybrau* (Cyhoeddiadau Barddas), restr fer Llyfr y Flwyddyn yn 2010.

H. H. Howells

Mae Heledd Haf Howells yn fardd newydd sbon o Lanelli. Trwy gydol ei phrofiad yn astudio Theatr a Drama ym Mhrifysgol De Cymru, cymerodd y cyfle i ysgrifennu cerddi i alaru am farwolaeth ei mam yn 2019. Llwyddodd i gynnwys dwy o'r cerddi hyn ym mherfformiad olaf y cwrs, sef sioe *Dadeni* (2022). Ar ôl derbyn ymateb mor bositif i'w cherddi cyntaf, penderfynodd barhau i ysgrifennu am themâu personol er mwyn prosesu a gwella ei hiechyd meddwl. Gwelwn themâu pwysig yn ei gwaith, gan gynnwys galar benywaidd, iselder, anhwylderau bwyta a chariad diwobrwy. Mae Heledd yn rhannu gwaith gonest, creiddiol ac ymledol gyda'r byd.

Holly Gierke

Un o Ddinbych, Dyffryn Clwyd, yw Holly. Astudiodd y Gymraeg ym Mhrifysgol Bangor, ac yna fe aeth ymlaen i astudio MA Ysgrifennu Creadigol ac yna cwrs TAR Uwchradd Cymraeg. Mae hi bellach yn gweithio fel athrawes y Gymraeg ac yn dilyn cwrs PhD Ysgrifennu Creadigol yn rhan amser. Cyhoeddodd *Paranormal Denbigh* (2023) gyda'i chyd-awdures a'i ffrind, Tracey Green, ac mae hi hefyd yn gweithio ar nofel fel rhan o'i phrosiect PhD.

Jo Heyde

Yn wreiddiol o Lundain, hyfforddodd Jo fel pianydd gan fynychu'r Academi Frenhinol yn ifanc, cyn graddio mewn Cerddoriaeth o King's College, Llundain. Dechreuodd ddysgu Cymraeg tua diwedd 2018, ac ers 2021, mae hi wedi bod wrthi'n barddoni. Mae hi wedi ennill cadeiriau yn eisteddfodau Llandudoch, Llanbedr, Ysgol Farddol Caerfyrddin, Crymych a Llanllyfni ac mae hi hefyd wedi ennill Coron Eisteddfod Llanbedr. Mae'n aelod o dîm Talwrn y Derwyddon ac Ysgol Farddol Caerfyrddin, yn ogystal â bod yn gydlynydd cynllun Bardd y Mis, BBC Radio Cymru, ar ran Barddas. Mae ei gwaith wedi ei gyhoeddi yng nghylchgronau *Ffosfforws 2* i 6 (Cyhoeddiadau'r Stamp) a chylchgrawn *Modron*. Cyhoeddwyd ei phamffled cyntaf, *Cân y Croesi*, gyda Chyhoeddiadau'r Stamp yn 2024.

Judith Musker Turner

Mae Judith Musker Turner yn fardd ac yn arlunydd tecstiliau o Ffair Rhos, Ceredigion, sydd bellach yn byw ger Machynlleth. Graddiodd o Brifysgol Caerdydd gyda MA Astudiaethau Cymreig a Cheltaidd yn 2019. Mae hi wedi bod yn aelod o'r golectif gelf TAIR, y grŵp barddol Cywion Cranogwen a thîm Talwrn y Gwenoliaid. Mae hi wedi cyhoeddi cerddi yn *Y Stamp* a *Barddas*, ac wedi arddangos ei gwaith celf yn Suns Europe, gŵyl ieithoedd lleiafrifol Ewropeaidd yn Udine yn yr Eidal.

Katrina Moinet

Bardd o Ynys Môn yw Katrina Moinet. Enillodd gystadleuaeth bamffled gwasg Hedgehog yn 2024, a gwobr stori fer Globe Soup yn 2021. *Portrait of a Young Girl Falling* yw ei phamffled cyntaf gyda gwasg Hedgehog. Bydd ail bamffled yn dod allan yn 2025. Mae cerddi Katrina wedi cael eu cynnwys ar restrau hir cystadlaethau Fish a New Writers. Cyhoeddwyd ei gwaith yn *Ffosfforws* (Cyhoeddiadau'r Stamp), *annie*, Nation.Cymru, *Raw Lit*, *Natur Gogledd Cymru* (cyd-olygydd), *Firmament*, ac yn yr antholeg *Mslexia* Ffuglen Fer Orau 2024. Cwblhaodd Katrina MA Ysgrifennu Creadigol ym Mhrifysgol Bangor. Mae'n cynnal meic agored misol yng nghaffi Blue Sky. @KMoinetwrites a katrinamoinet.com

Kayley Roberts

Daw Kayley Roberts o ardal Caernarfon ac maent yn fardd, yn ddramodydd, yn libretydd, yn ogystal â chwnselydd llawrydd gyda phractis llwyddianus. Mae gwaith Kayley wedi ymddangos yn *Rhych Newydd* – sef zine o fonologau LHDTC+, ac yn y chweched rhifyn o *Ffosfforws*. Bydd y Lolfa yn cyhoeddi nofel gyntaf Kayley, *Lladd Arth*, yn 2025. Hoffai ddiolch i'r Kathod am eu cyngor a'u cefnogaeth wrth ffurfio'r gerdd 'Diolch'.

Lois Medi

Daw Lois, sy'n 23 oed, o Benrhosgarnedd ger Bangor yn wreiddiol, ond mae hi ar hyn o bryd yn byw ac yn gweithio draw yn y Wladfa Gymreig ym Mhatagonia. Graddiodd o'r LSE mewn Anthropoleg Gymdeithasol, felly nid yw'n syndod fod ganddi ddiddordeb brwd mewn pobl a'u gwahanol ffyrdd o wneud synnwyr o'r byd. Mae'r diddordeb hwn yn mynd law yn llaw â'i chariad at farddoni ac ysgrifennu creadigol. Mae Lois eisoes wedi cyhoeddi cerddi yn *Codi Pais*, *Ffosfforws* (Cyhoeddiadau'r Stamp) ac yng nghylchgrawn *Barddas* pan enillodd Dlws D. Gwyn Evans (Cymdeithas Barddas) yn 2023. Lois oedd Prifardd Eisteddfod Genedlaethol yr Urdd Maldwyn yn 2024. Cyhoeddwyd ei cherdd fuddugol, *Gwrthryfela*, mewn pamffled gan Gyhoeddiadau'r Stamp.

Lowri Hedd Vaughan

Mae Lowri Hedd Vaughan yn hwyrddyfodiad i farddoni ac yn byw ym Mhorthaethwy. Mae hi'n fam ac yn nain, yn fregus, yn falch, yn ddoeth ac yn ddwl. Anghofiodd sut i fod yn greadigol am gyfnod o bymtheg mlynedd a mwy ar ôl dod yn fam yn ei harddegau, gan fyw mewn cwsg nes daeth galar i'w deffro. Mae ei myfyrdodau yn cwmpasu undod, cymhlethdod a throsgynnedd. O fagwraeth Gristnogol i ganol oedran neo-baganaidd, mae yna edefyn di-dor o geisio'r gwir, cyfiawnder, cariad a chydraddoldeb gan herio meddylfrydau a gwleidyddiaeth sy'n ein harwahanu rhag ein gilydd, ac oddi wrth y byd naturiol.

Lleucu Non

Daw Lleucu Non yn wreiddiol o Ddyffryn Nantlle ond mae hi wedi bod yn byw yn Aberystwyth fel myfyriwr ers 2020. Erbyn hyn, mae'n astudio MPhil Ysgrifennu Creadigol ym Mhrifysgol Aberystwyth. Yn y blynyddoedd diwethaf, mae Lleucu wedi cyfrannu at ddau rifyn o *Codi Pais*, wedi cyfrannu at gylchgrawn digidol *Lysh Cymru* yn ogystal â bod yn olygydd gwadd am gyfnod byr, ac wedi cyhoeddi ei stori fer gyntaf yng nghyfrol *Ar Amrantiad* gyda gwasg Sebra. Mae'n gobeithio parhau â'i hysgrifennu trwy weithio'n rhan o ddiwydiant cyhoeddi Cymru.

Llinos Dafydd

Mam i bedwar a sgwennwr creadigol o Groeslan, ger Llandysul, yw Llinos Dafydd, sy'n ailgynnau ei hangerdd am farddoniaeth ar ôl llwyddiannau cynnar yn ei harddegau. Wedi byw trwy drawma ers hynny, mae Llinos yn crefftio cerddi ag iddynt gyseiniant emosiynol dwfn a mynegiant telynegol. Mae ei gwaith yn archwilio'r cydbwysedd cain rhwng bod yn agored i niwed a chryfder, gan gynnig cipolwg twymgalon i ddarllenwyr ar ei thaith bersonol o iachâd a hunanddarganfyddiad. Gan ddychwelyd at farddoniaeth gydag egni newydd, mae Llinos yn parhau i ddod o hyd i obaith a gwytnwch drwy ei hysgrifennu.

Llywela Edwards

Mae Llywela yn ferch ffarm o Bentrellyncymer yn wreiddiol ond sydd bellach yn byw yn Nhwtil, Caernarfon. Mae hi'n mwynhau pob math o chwaraeon, yn enwedig pêl-droed, y gêm genedlaethol. Bu wrthi'n dysgu sut i gynganeddu yn ystod y cyfnod clo drwy ddarllen llyfr Mererid Hopwood, *Cynghanedd i Blant*! Erbyn hyn, mae hi'n mynychu gwersi cynganeddu bob pythefnos yng Nghlwb Hwylio Caernarfon, ac yn mwynhau'n arw gan fod cymaint o reolau ac eithriadau i'w dysgu!

Manon Wynn Davies

Daw Manon Wynn Davies o Lanfairpwll yn wreiddiol, ond mae hi bellach yn byw yng Nghaerdydd lle mae'n gweithio i Gomisiynydd y Gymraeg. Cwblhaodd ddoethuriaeth ar farddoniaeth Iwan Llwyd yn 2016, a bu hynny'n sbardun iddi hithau ysgrifennu. Daeth yn fuddugol yng nghystadleuaeth yr ysgrif yn yr Eisteddfod Genedlaethol yn 2019 ac yn 2022 ac mae'n aelod o dîm Talwrn Dwy Ochr i'r Bont. Mae ganddi Gadair o Eisteddfod Bodffordd a Choron o Eisteddfod Llandegfan ac fe gyhoeddwyd ei gwaith am y tro cyntaf yn rhifyn cyntaf y cyfnodolyn *Ffosfforws* yn 2021. Manon oedd Bardd y Mis, BBC Radio Cymru, fis Tachwedd 2023.

Mair Jones

Mae Mair Jones yn hanesydd ac ysgrifennwr llawrydd o Geredigion, sy'n rhedeg blog o'r enw *Queer Welsh Stories* (Straeon Cwiar Cymru).

Mari George

Bardd, awdures, golygydd a chyfieithydd sy'n byw ym Mhen-y-bont ar Ogwr yw Mari George. Mae hi wedi cyhoeddi dwy gyfrol o gerddi – *Y Nos yn Dal yn fy Ngwallt* (2004) a *Siarad Siafins* (2014) – ac mae hi'n aelod o dîm Talwrn Aberhafren. Mae hi hefyd wedi golygu sawl casgliad o farddoniaeth ac wedi ysgrifennu ac addasu nifer o lyfrau i blant. Enillodd ei nofel gyntaf i oedolion, *Sut i Ddofi Corryn* (Sebra), y categori ffuglen yn ogystal â'r brif wobr yng Nghystadleuaeth Llyfr y Flwyddyn 2024.

Megan Lloyd

Mae Megan Lloyd yn sgwennwr o Eryri. Mae hi'n gweithio'n llawrydd ar sawl prosiect amlgyfrwng, gan gynnwys ysgrifennu a pherfformio barddoniaeth llafar i sioe *Q-fforia*. Wedi iddi ymuno â chriw Kathod yn Nhŷ Newydd ar gychwyn 2024, mae hi eisoes wedi cydweithio ar nifer o brosiectau cyffrous gan gynnwys arddangosfa 'Yr Ysgwrn yn Ysbrydoli'. Mae hi'n hoff o arbrofi efo ffiniau barddoniaeth a cherddoriaeth ac yn rhannu ei gwaith ar Instagram dan yr enw @gwaithpapur.

Melda Lois

Mae Melda Lois yn gerddor/gyfansoddwraig o ardal Llanuwchllyn. Trwy gefnogaeth Cronfa Lansio BBC Gorwelion a Recordiau I KA CHING, rhyddhaodd ei EP cyntaf, *Symbiosis*, yn 2024. Mae'r EP yn rhannu'r un teitl â'i chân olaf a ysgrifennodd yn ystod encil Llyfrau Lliwgar, ac a gyhoeddodd yn y flodeugerdd *Curiadau* (Cyhoeddiadau Barddas, 2023). Perfformiodd Lois ei cherddi am y tro cyntaf yn ystod noson 'Be sy'n odli efo miaw?' y Kathod yn y Babell Lên yn 2022. Mae hi hefyd wedi cyfrannu at arddangosfa 'Yr Ysgwrn yn Ysbrydoli', cydweithio ar y fideo 'Clywa dy lais' gyda'r bardd Megan Lloyd yng nghylchgrawn *ripe*, a chyfrannu at y gyfrol *Cymry. Balch. Ifanc* gan wasg Rily. O ddydd i ddydd, mae'n gweithio fel ymchwilydd iechyd cyhoeddus. Mae ganddi PhD mewn Seicoleg.

Nanw Maelor

Cafodd Nanw Maelor ei magu yn yr Wyddgrug, sir y Fflint. Mae'n fyfyrwraig sy'n astudio'r Gymraeg ym Mhrifysgol Aberystwyth. Daeth barddoniaeth a barddoni yn rhan allweddol o'i phrofiad fel myfyrwraig ac enillodd Gadair Eisteddfod Rhyng-golegol Abertawe yn 2024. Mae hi'n angerddol dros grëwyr benywaidd ac mae ganddi werthfawrogiad cryf o'r celfyddydau. Yn ei hamser rhydd mae'n creu lluniadau digidol ar gyfer cardiau elusennol. Mae ei cherdd 'Y Baricêd' yn ymateb i arddangosfa gan artist benywaidd grymus, Angharad Pearce Jones, yng Nghanolfan y Celfyddydau, Aberystwyth. Dyma gerdd sy'n grymuso menywod ac yn dathlu rhyddid.

Non Lewis

Yn wreiddiol o Glydach, mae Non Lewis yn byw ger Llanelli. Mae hi'n fam i Mari a Gruff ac yn athrawes y Gymraeg yn Ysgol Gyfun Gŵyr, Abertawe. Dechreuodd ddysgu hanfodion y gynghanedd gydag Ysgol Farddol Caerfyrddin yn ystod y cyfnod clo, a rhoddodd y profiad gyfle iddi ailafael mewn cyfansoddi llenyddiaeth. Enillodd Gadair Ysgol Gyfun Ystalyfera yn 1993 am stori fer, a Chadair Eisteddfod Gadeiriol Caerdydd yn 2023 am rap ar y thema 'Perthyn'. Mae'n un o griw y cynllun Pencerdd 2024–25.

Rhiannon Mair

Mae Rhiannon Mair yn gweithio'n llawrydd ym myd y theatr fel cyfarwyddwr, perfformiwr, dramatwrg, hwylusydd ac addysgwr. Mae ganddi ddoethuriaeth ymarferol, a bu'n gweithio fel darlithydd Theatr a Drama am bron i ddegawd. Daw'n wreiddiol o Sir Gâr, ac mae hi'n byw yn Grangetown bellach gyda'i theulu.

Rufus Mufasa

Mae Rufus Mufasa (hi/eu) yn artist amlddisgyblaethol sy'n hyrwyddo hygyrchedd a chynhwysiant. Cyhoeddwyd eu cyfrol wobrwyedig *Flashbacks and Flowers* gan Indigo Dreams yn 2021. Roeddent yn bencampwr y Slam Coracle Ewrop yn 2023, a rhyddhawyd eu halbwm dwyieithog clodwiw *Tri(ger) Warnings(s)* ar Recordiau Swynwraig ym mis Chwefror, 2024. Mae Rufus yn caru eu merched, eu cŵn, cerddoriaeth a llyfrau.

Sara Erddig

Mae Sara Erddig (Sara Louise Wheeler) yn ysgrifennu'r colofnau 'O'r Gororau' i gylchgrawn *Barddas* a 'Synfyfyrion Sara' i Golwg360. Mae hi'n aelod o griw Voicebox (Wrecsam), ac mae hi'n un o artistiaid Stiwdio Olivet (Rhosrobin). Enillodd y wobr Geiriau Creadigol Disability Arts Cymru 2022 gyda'i cherdd 'Ablaeth Rhemp y Crachach'. Cafodd ei gwaith celf *Tywod amser y clyw* ei gynnwys yn arddangosfa 'Aildanio' DAC. Mae Sara yn is-gadeirydd panel canolog llên Eisteddfod Genedlaethol Cymru ac yn cynnal gweithdai creadigol a llesiant yng ngogledd-ddwyrain Cymru. Mae ei cherddi wedi ymddangos mewn nifer o flodeugerddi Cymraeg. *Trawiad | Seizure* (2023) ac *A Goareig Patchwork Quilt* (2024) yw ei chyfrolau barddoniaeth diweddaraf.

Siân Melangell Dafydd

Mae Siân Melangell Dafydd yn awdur, bardd, cyfieithydd ac athrawes ioga. Mae'n olygydd i gylchgrawn eco-lenyddol *Modron* ac yn golofnydd natur i *O'r Pedwar Gwynt*. Cyhoeddodd ei hail nofel, *Filò*, gan Gomer yn 2020 ac fe'i dewiswyd ar gyfer Silff Lyfrau Cyfnewidfa Lên Cymru yn 2020–21. Enillodd ei nofel gyntaf, *Y Trydydd Peth* (Gomer), y Fedal Ryddiaith yn Eisteddfod Genedlaethol y Bala yn 2009. Mae hi'n cydweithio gydag awduron a beirdd yn rhyngwladol ac yn cyfieithu llenyddiaeth rhwng ieithoedd lleiafrifol. Cyhoeddodd gasgliad o farddoniaeth gydag Anitha Thampi o Kerala, India yn 2018: *Dŵr Arall / A Different Water* (Poetrywala). Mae'n ddarlithydd Ysgrifennu Creadigol yn The American University of Paris ac yn byw wrth droed y Berwyn.

Sian Northey

Bardd, awdur a chyfieithydd llawrydd yw Sian Northey, yn wreiddiol o Drawsfynydd ond bellach yn byw ym Mhenrhyndeudraeth. *Yn y Tŷ Hwn*, sydd wedi ei chyfieithu fel *This House* gan Sue Walton, oedd ei nofel gyntaf, a'r cyntaf o'i llyfrau i'w gyfiethu i'r Saesneg. Cyhoeddwyd *This House* y llynedd. Yn ddiweddar bu Sian yn fardd preswyl gyda phrosiect llenyddol Llwybr Cadfan, dan nawdd Esgobaeth Bangor yr Eglwys yng Nghymru, a bu hefyd yn fardd preswyl yng Ngerddi Maes y Plas, gardd gymunedol ym Mlaenau Ffestiniog.

Siân Shakespear

Mae Siân Shakespear wedi mwynhau sgriblan erioed, ond fe gydiai'r awen fwyfwy rŵan a hithau gyda mwy o amser ers i'w nyth wagio. Byd natur a'r tirlun sydd yn ei hysbrydoli gan amlaf a does nunlle gwell i sbarduno hynny na Dyffryn Gwyrfai, lle symudodd i fyw yn ddiweddar. Mae pedair o'i cherddi wedi cael eu cyhoeddi gan Gyhoeddiadau'r Stamp yn eu cyfrolau *Ffosfforws*.

Siw Harston

Cafodd Siw Harston ei magu ar fferm yn ardal Llandeilo yn un o ddau o blant. Symudodd i Loegr i astudio Seicoleg gan gwrdd a'i gŵr. Ar ôl gweithio yn Llundain am ddegawd dechreuodd fagu teulu, a mynychodd ei phlant yr Ysgol Gymraeg yn Llundain. Dysgodd y gynghanedd dros y we gydag Ysgol Farddol Caerfyrddin yn ystod cyfnod y pandemig, ac mae ei diddordeb mewn sgwennu wedi cydio ers hynny. Mae hi'n aelod o Glwb Barddoniaeth Gymraeg ac o'r Dark Poets Society. Mae ei cherddi wedi cael eu cyhoeddi yn *Ffosfforws 4* a *Ffosfforws 5* gan Gyhoeddiadau'r Stamp. Hi gipiodd y yn Eisteddfod Trefeglwys 2023, Eisteddfod Aelhaearn 2024 ac Eisteddfod Cenarth 2025.

Sioned Erin Hughes

Mae Erin yn awdur o Ben Llŷn. Hi oedd golygydd *Byw yn fy Nghroen* (Y Lolfa) ac *Iaith Heb Ffiniau* (Gwasg Carreg Gwalch) ac mae'n awdur y cyfrolau *Y Goeden Hud* (Gwasg Carreg Gwalch), *Rhyngom* (Y Lolfa) ac *O'r Rhuddin* (Y Lolfa). Mae hi hefyd yn hoff o farddoni ac i'r perwyl hwn, mae'n gweithio fel cydlynydd y Gymdeithas Gerdd Dafod, Barddas.

Sophie Roberts

Yn wreiddiol o sir Benfro, a bellach wedi ymgartrefu yn Nhrelawnyd, sir y Fflint, mae Sophie Roberts yn gweithio gyda'i gŵr ar eu fferm laeth. Mae ganddyn nhw ddau o blant ifanc a sawl cath sy'n eu cadw'n brysur. Cyhoeddwyd ei sgriblan yn *Ffosfforws 1 a Ffosfforws 2* (Cyhoeddiadau'r Stamp) ac yn *Curiadau* (Barddas). Enillodd Sophie Gadair y Dysgwyr yn Eisteddfod Genedlaethol Llŷn ac Eifionydd yn 2023.

Tegwen Bruce-Deans

Cafodd Tegwen Bruce-Deans ei magu yn Llandrindod, Maesyfed. Yn 2022, graddiodd yn y Gymraeg o Brifysgol Bangor. Bellach, mae wedi ymgartrefu ym Mangor lle mae'n gweithio i BBC Radio Cymru. Enillodd y Gadair yn Eisteddfod yr Urdd Sir Gaerfyrddin 2023 am ddilyniant o gerddi a gyhoeddwyd rai wythnosau wedyn yn ei chyfrol gyntaf *Gwawrio* (Cyhoeddiadau Barddas). Hi hefyd enillodd y Goron yn Eisteddfod yr Urdd Maldwyn 2024 – yr ail berson a'r unig ferch erioed i ennill y 'dwbl' yn yr Urdd. Mae'n aelod o dîm Talwrn Twtil, ac mae ei gwaith wedi'i gyhoeddi gan Barddas, Gwasg Carreg Gwalch a Chyhoeddiadau'r Stamp. Yn ogystal, mae'n un o gydlynwyr Kathod.

Tesni Peers

Bardd o Rosllannerchrugog, pentref yn sir Wrecsam, yw Tesni Peers. Ar ôl graddio yn y Gymraeg ac Ysgrifennu Creadigol o Brifysgol Bangor yn 2024, mae hi wrthi'n astudio MA Ysgrifennu Creadigol Cymraeg yno ar hyn o bryd. Mae'n mwynhau ysgrifennu cerddi a straeon byrion, yn cystadlu mewn eisteddfodau lleol ar draws y wlad ac wedi llwyddo mewn sawl cystadleuaeth yn y blynyddoedd diwethaf. Daeth yn ail yng nghystadlaethau'r Gadair a'r Goron yn Eisteddfod yr Urdd 2023, a daeth yn drydydd am y Gadair yn 2024. Penodwyd hi'n Gadeirydd y Pwyllgor Llenyddiaeth Lleol ar gyfer Eisteddfod Genedlaethol Wrecsam 2025.

CYDNABYDDIAETHAU

- 'Cofio Betty Campbell', Ffion Morgan, *Cerddi Corona!* (Facebook, 29 Medi 2021).
- 'Gwers nofio', Tegwen Bruce-Deans, *Y Talwrn* (BBC Radio Cymru, Mai 2024).
- 'Y garthen Gymreig', Siân Shakespear, *Ffosfforws 3* (Cyhoeddiadau'r Stamp, Gaeaf 2022-2023).
- 'Y neiniau', Lowri Hedd Vaughan, *Bardd y Mis* (BBC Radio Cymru, Awst 2024).

Cyhoeddiadau
barddas